そうだったんだ！ 学校教材③

ベテラン先生直伝

ワークテストの活用法

堀田 龍也 監修
学校教材活用指導法研究会 著

そうだったんだ! 学校教材③

ベテラン先生直伝

ワークテストの活用法

目 次

キャラクター紹介 ・・・・・・・・・・・・・・・・・・・・・・・・・・・・・・・・・・・・ 4

第1章 なぜ、今、「ワークテスト」の活用法に注目するのか

①「学校教材」とは何か ・・・・・・・・・・・・・・・・・・・・・・・・・・・・・・・・・・・・ 6
②なぜ、今、「学校教材」に注目するのか ・・・・・・・・・・・・・・・・・・・・・・・・・ 8
③若い先生方は何を悩んでいるか ・・・・・・・・・・・・・・・・・・・・・・・・・・・・・ 10
④ベテランのノウハウを伝えたい ・・・・・・・・・・・・・・・・・・・・・・・・・・・・・・ 12

第2章 こうすればうまくいく! ワークテストの活用法9のポイント!

①ワークテストの選び方 ・・・・・・・・・・・・・・・・・・・・・・・・・・・・・・・・・・・ 14
②指導計画への組み込み方 ・・・・・・・・・・・・・・・・・・・・・・・・・・・・・・・・・ 16
③テストを見越した授業の進め方 ・・・・・・・・・・・・・・・・・・・・・・・・・・・・・ 18
④テスト前の準備 ・・・・・・・・・・・・・・・・・・・・・・・・・・・・・・・・・・・・・・・ 20
⑤テストの実施 ・・ 22
⑥採点の仕方 ・・・ 24
⑦テスト直しのさせ方 ・・・・・・・・・・・・・・・・・・・・・・・・・・・・・・・・・・・・ 26
⑧集計・評価の仕方 ・・・・・・・・・・・・・・・・・・・・・・・・・・・・・・・・・・・・・ 28
⑨保護者への説明 ・・・・・・・・・・・・・・・・・・・・・・・・・・・・・・・・・・・・・・ 30

コラム 学校教材活用指導法研究会　実践レポート①
「ワークテストの活用」 ・・・・・・・・・・・・・・・・・・・・・・・・・・・・・・・・・・・ 32

第3章 もっと知りたい！ ワークテストをかしこく使う14のコツ！

テスト前
①ワークテストを選ぶポイント …… 34
②事前準備 …… 35
③実施中の約束 …… 36

テスト実施
①机の配置の工夫 …… 37
②終わった子供への対応 …… 38
③習熟度別クラスの活かし方 …… 39
④提出のさせ方 …… 40
⑤採点基準 …… 41

テスト実施後
①テスト直しのポイント（国語）…… 42
②テスト直しのポイント（算数）…… 43
③＜見なおしシート＞の活用 …… 44
④テスト直し後 …… 45
⑤テスト直しをさせるとき …… 46

番外編
アイディア次第で便利に活用 …… 47

コラム
学校教材活用指導法研究会　実践レポート②
「成績管理は専用ソフトで」 …… 48

第4章 そうだったんだ！ 学校教材の秘密〜ワークテスト編〜

1 ワークテスト 徹底解剖 ワークテストの構成 …… 50
2 ワークテスト 徹底解剖 ワークテストのつくり …… 52
3 ワークテスト 徹底解剖 指導と評価のためのワークテスト …… 54
4 ワークテスト 徹底解剖 コラム …… 56
5 ワークテスト 徹底解剖 テストの種類 …… 58
6 ワークテスト 付属教材 プレテスト …… 60
7 ワークテスト 付属教材 ＜見なおしシート＞ …… 62
8 ワークテスト 付属教材 付録（ワークシート、大判掲示用資料）…… 64
9 ワークテスト 付属教材 ダウンロードプリント（無料サービス）…… 66
10 ワークテスト 付属品 DVD－ROM（採点基準例、集計・分析ソフト）…… 68
11 ワークテスト 付属品 DVD－ROM（所見文作成ソフト、プリント教材、資料など）…… 70
12 ワークテスト 関連教材 ドリルとの関連 …… 72
13 その他 『学校教材の使い方ミニ研修』 …… 74
14 その他 『「学校教材活用法」リーフレット』…… 76
15 その他 『教材カレンダー』 …… 78

＊本書は、教育同人社発行のワークテストを参考にしています。

キャラクター紹介

【ゆみちゃん先生】
初任。初めて担任をもつことになり
何もかもが不安。

【ともこ先生】
教師歴25年のベテラン。何でも
てきぱきとこなす頼れる学年主任。

【さとる先生】
教師歴16年。
マイペースでのんびり。

【さやか先生】
教師歴13年。
温和でいつも笑顔の先生。

【こうた先生】
教師歴4年。
熱血タイプの元気印。

【たかし先生】
教師歴9年。
分析派で教材研究が得意。

【えり先生】
教師歴20年。
さばさばタイプ。時々厳しい。

【ベテラン編集者】
学校教材の編集一筋22年。
似顔絵描きが得意。

第1章

なぜ、今、「ワークテスト」の活用法に注目するのか

【東北大学大学院情報科学研究科・教授　堀田 龍也】

❶「学校教材」とは何か

読者のみなさんは、自分が小学生の時、漢字ドリルや計算ドリルを使っていたことでしょう。その頃、漢字ドリルは赤またはピンク色の横長で、計算ドリルは青または水色の縦長だったはずです。おそらく宿題に出されていたのではないでしょうか。

漢字ドリルや計算ドリルは、読者のみなさんが小学生だった頃から、ほぼ全国で同じように使われていたのです。もちろん、学習指導要領や教科書改訂に対応し、学校現場の声を聞いて、最新の内容に毎年変更されています。しかし、装丁もページ構成も、さほど大きくは変わっていないのです。つまり、我が国の学校現場に「すっかり馴染んだ」教材ということになります。

漢字ドリルや計算ドリル、ワークテスト、資料集など、学校の授業や宿題で児童生徒が用いる教材は「学校教材」と呼ばれます。

学校教材の多くは、専門の教材出版社が学習指導要領や教科書を丹念に分析し、ピッタリ対応した内容になるよう制作されています。また、教材出版社から地域の特約販売店を経由して学校に直販する販売形態となっています。これによって、全国津々浦々の学校現場へ、間違いなく迅速に供給される仕組みが作られています。しかも市販の問題集等と比較するとかなり安価な価格設定になっています。これも取次店が少ない直販のおかげです。

年度初めに、実物の見本が学校に届きますが、これは地域の特約販売店が、各校が採択している教科書を参考にした学校教材を持ち込んでくれているのです。このことからも分かるように、教材出版社は教科書会社ごとに学校教材を制作しているのです。

日本図書教材協会によれば、学校教材は大きく3つに類別されます。

修得教材

スキルなどのワークブック、資料集など、授業中に学習内容を理解させるために用いられます。

習熟教材

漢字ドリルや計算ドリルなど、繰り返し学習することで練習量を保障し、学習内容の定着を図るために用いられます。

評価教材

ワークテストなど、学習上のつまずきを診断し、観点別の評価や指導法の改善に用いられます。

もしもこれらの教材を、先生方が自作しなければならないとしたら、どうなるでしょうか。ただでさえ多忙な学校現場は、おそらくパニックになります。

学校教材は、現場の先生方による的確な学習指導のサポートだけでなく、多忙化解消にも役立っているのです。

（参考文献）日本図書教材協会ホームページ　http://www.nit.or.jp/

❷なぜ、今、「学校教材」に注目するのか

これまで見てきたように、漢字ドリルや計算ドリルをはじめとする学校教材は、全国の小学校の教室で長い間活用され続けています。

でも不思議なことがあります。

先生方は、漢字ドリルや計算ドリルをどの時間にやらせていますか？
すべて宿題ですか？

教科書にピッタリ対応しているのだから、実は授業中にとても役立ちます。
授業で活用する場合、授業のどのタイミングで、どのぐらい使いますか？

宿題として活用している先生方も多くいると思います。
漢字や計算の宿題を出している先生は、何問ずつ宿題にしていますか？
それは授業で学んだ内容とピッタリ対応していますか？

単元が終わるごとにワークテストを実施しているはずです。
その後のテスト直しはどのように指導していますか？
評価情報を自分の授業の改善にどのように役立てているでしょうか。

ワークテストにはさまざまな種類がありますが、どのぐらい把握していますか？
ワークテストを選ぶ際には、児童の学力の実態に合わせて選んでいるでしょうか。

ここに示したような、学校教材の「活用法」は、実はあまり情報共有されていません。

先生として採用されてから、漢字ドリルや計算ドリルの指導法、ワークテストのさせ方などを教えてもらうチャンスは意外とないのです。そのため、多くの先生が我流で活用しています。

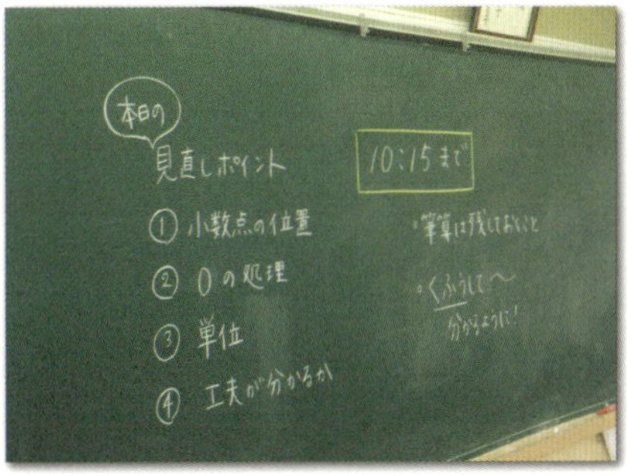

児童の基礎学力を支えているのは漢字ドリルや計算ドリルであり、これらにどのように取り組ませるかは学力保障の観点で極めて重要なことです。子供たちの基礎学力を評価しフォローするために必要な情報を提供してくれるのはワークテストであり、先生方だけでなく保護者もワークテストの結果を大いに気にしています。しかし、これらの学校教材の活用法は、研究授業で取り上げられることもありません。

ほんとうにこのままで大丈夫なのでしょうか。これが本書を企画した動機なのです。

③若い先生方は何を悩んでいるか

若い先生方に対して、学校教材の活用に関するアンケートを行いました。実施時期は2013年11月、回答数は251件でした。回答者の内訳は、初任から5年目までの先生方が154名(61.3%)、6年目から10年目までの先生方が83名(33.1%)、11年目以上の先生方が14名(5.6%)でした。したがって、以下のデータは、おおむね若い先生方(教員経験が短い先生方)の本音だと捉えることができます。

アンケートでは、次の2つの質問をしました。いずれも自由記述です。

質問①
ワークテストの活用について迷っていることや困っていることを書いてください。
質問②
ワークテストの活用についてベテラン教師に聞きたいことを書いてください。

寄せられた自由記述を似たような回答ごとに分類し、数値化してグラフにしました。
質問①の分類結果は、図1のようになりました。

図１　「ワークテストの活用について迷っていることや困っていること」

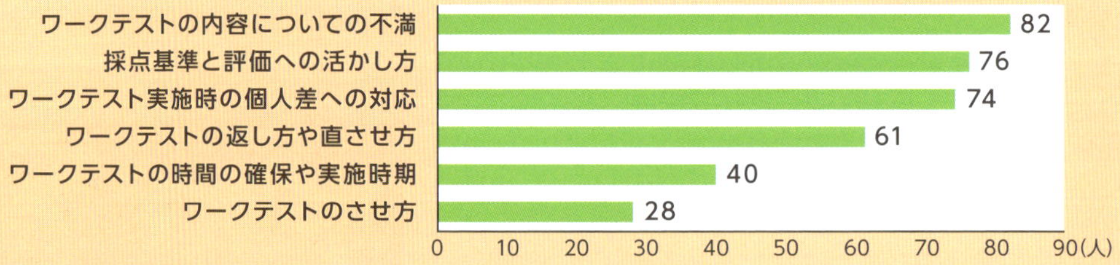

なんと、もっとも多かったのは「ワークテストの内容についての不満」82人(22.7%)で、次いで「採点基準と評価への活かし方」76人(21.1%)でした。自分たちで選んだワークテストに、しかも保護者が費用負担しているのに、不満を言っている場合ではありません。また、ワークテストは評価のために活用するのですから、ここは悩むところではありません。これらの不安は、ワークテストの仕組みや、その活用法を十分に理解していないことに起因していると考えられます。

他に多かったものとして、「ワークテスト実施時の個人差への対応」74人(20.5%)、「ワークテストのさせ方」28人(7.8%)がありました。理解度が異なる児童に、ワークテストをどのように行わせればいいのか、その具体的な指導法を悩んでいるのです。

次に多かったのは、「ワークテストの返し方や直させ方」61人（16.9%）でした。ワークテストは、単なる達成度テストではありません。「ワーク」という言葉が示すように、ワークテストの準備をし、取り組み、テスト直しをして自分の弱点をつぶしていくという一連の流れ自体に意味がある学習活動です。ですから、採点後のワークテストは速やかに返却し、しっかりとテスト直しをさせ、児童に振り返りをさせる必要があるのです。

さらには「ワークテストの時間の確保や実施時期」40人（11.1%）のように、そもそもワークテストの時間をどのように捻出するか、単元終了の直後に実施すべきなのかなど、時間の確保などの悩みも多くありました。これらの回答からは、隣の教室を覗いたり、自分の小学生の頃を思い出したりしながら、見よう見まねで指導してみているものの、ほんとうにこれでいいのかと不安そうな若い先生方の表情が浮かびます。

質問②の分類結果は、図2のようになりました。

図2 「ワークテストの活用についてベテラン教師に聞きたいこと」

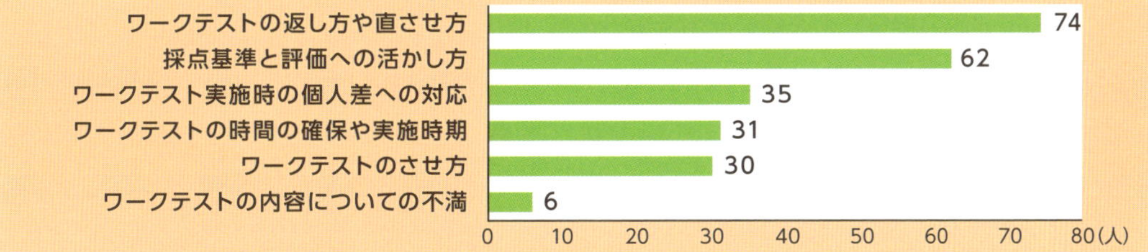

多かったのは「ワークテストの返し方や直させ方」74人（31.1%）でした。やはり、ワークテストの実施後、次の単元の導入の時間が迫る時間不足の中で、どのようにテスト直しをさせるかという具体的な指導の仕方を知りたがっているのです。見よう見まねで行ってきた指導を、確固たる方法に置き換えたいという熱意が読み取れます。ベテランの先生たちから伝承されていない証拠でもあります。

次に多かったのは「採点基準と評価への活かし方」62人（26.1%）でした。ワークテストは評価教材ですから、ここがもっとも肝となる点です。続いて「ワークテスト実施時の個人差への対応」35人（14.7%）、「ワークテストの時間の確保や実施時期」31人（13.0%）、「ワークテストのさせ方」30人（12.6%）など、具体的な実施方法や実施時間の確保、個人差への対応について、ベテランの先生の助言を得たいと願っている様子が分かります。

迷っていることや困っていることでもっとも多かった「ワークテストの内容についての不満」は、6人（2.5%）に留まっていました。悩んでいるのにも関わらず、ベテラン先生に聞いてみたいと思っているわけではないということは、自分自身のワークテストに対する理解不足だということにうすうす気づいているということでしょう。

＊上記のパーセンテージは、自由回答をした先生を母数としています。

では、ベテランの先生たちは、実際にどんな風にワークテストの活用をしているのでしょうか。知りたいと思いませんか。

4 ベテランのノウハウを伝えたい

ベテラン先生の学級では、ワークテストは単元の終わりの総まとめの大切な時間として緊張感をもった存在となっています。ワークテストの前にどんな学習をしておかなければならないか、ワークテストが返却されたらどうやってテスト直しをするかなど、その学級のきまりがあります。授業とワークテスト、テスト直しが連携していて、その単元で学んだことを児童自身が自己評価し、フォローアップする仕組みができあがっています。もちろん先生側では、ワークテストでの評価結果を尊重した上で、普段の授業での児童の学習活動への取り組みを勘案し、エビデンスを重視した学期末の評定をつけ、保護者会などで説明責任を果たしています。だからこそ、保護者からの信頼も厚いのです。しっかり教え、繰り返し練習させ、ワークテストに挑む準備の仕方も教えた上で、厳かにワークテストを行うこと。中学校以降、たくさんの試験に挑む児童に、学び方もしっかりと教えているのです。

同じ学校教材を使っているのに、ベテラン先生の学級と比べて基礎基本の定着に差がある…そんな困った状況を打破するために、本書が企画されました。

学校教材の活用法には明確なコツがあります。残念ながらそれらが先生方の間で十分に共有されていないのです。児童にとっても先生にとっても、さほど負担にならない毎日の指導システム。これをみなさんにお伝えしたいのです。

しかも学校教材は、保護者が費用負担して購入していますから、その活用法や成果についての説明責任があります。

第2章は、ワークテストの活用法について、ベテランのともこ先生が、新人のゆみちゃん先生に伝えるという構成になっています。第3章は、新人のゆみちゃん先生がいろいろな学級の先生の指導法を聞きに行くという構成になっています。第4章は、ワークテストに込められたさまざまな工夫について解説しています。

本書が若い先生方の日々の指導の充実に、そして児童の学力向上に寄与することを期待しています。

第2章

こうすればうまくいく!

ワークテストの活用法 9のポイント!

① ワークテストの選び方

こうすればうまくいく!

「子供の実態や目的に合わせて選びます」

児童の実態や、指導方針に合わせて、学年でよく相談して決めましょう。

こうする その1 指導方針に合わせて

それぞれの特徴を確認する

- 指導方針に合わせて、学年で相談し、教科ごとに適したタイプのワークテストを選びます。
- テスト前の確認のためのプレテストや、思考力をみるためのチャレンジシートが付いたものもあります。
- 教科の配当時数を確認し、テスト実施時数も考慮して、期末テストの有無を選びます。

➔ テストの種類 P.58

多くの種類の中から、まずはタイプを選択

こうする その2 同じ単元のページを見比べる

図や文字の見やすさもポイント

- 同じ単元のページを開き、引用している文章や資料、出題の仕方などを見比べます。
- 裏面の内容も見比べます。

指導の意図や子供の実態に合ったものを選びます

もっと うまく進めるための コツ!!

コツ1 子供の実態に合わせて

プレテスト(算数)　見なおしシート(算数)

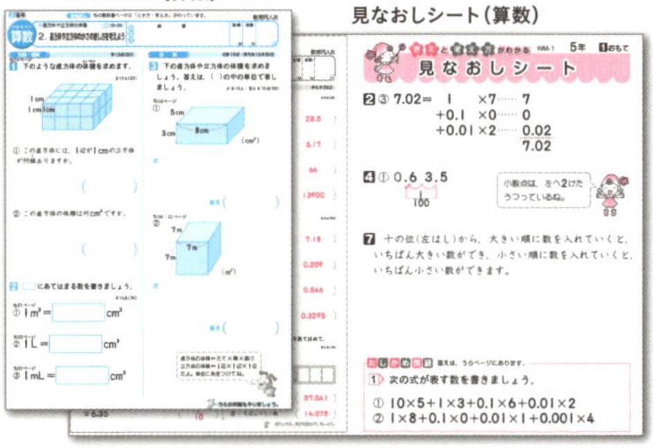

**担当している学年の現状や
これまでの学習経験に合わせて
ワークテストを選びます。**

事前の復習に力を入れたい場合はプレテスト付きのもの、事後の定着を図りたい場合は見なおしシート付きのものを選びましょう。

➡ プレテスト P.60　見なおしシート P.62

コツ2 教科ごとに選べる

**教科によって異なるタイプの
ワークテストを選ぶことができます。**

例えば、国語は基礎的な力の定着をみるＡタイプ、算数は思考力をみるＺタイプにするという選び方も考えられます。

コツ3 付録にも注目

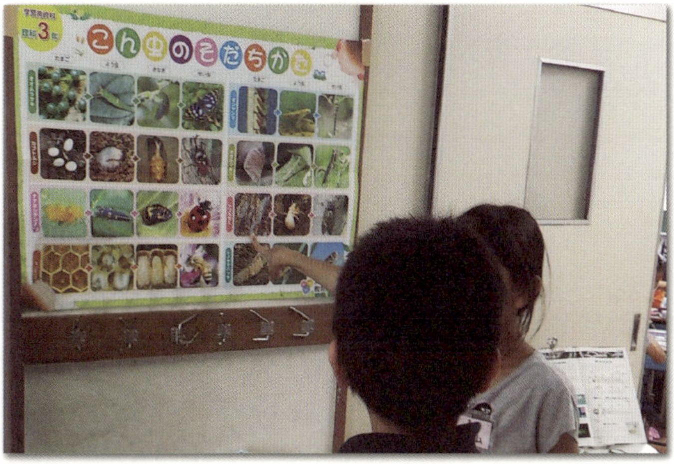

**掲示物や特設シートはもちろん、
豊富なプリントや動画・
デジタル教材がダウンロード
できるサービスなどもあります。**

ワークテストにはさまざまな付録が付いています。上手に活用しましょう。

➡ 付録 P.64

② 指導計画への組み込み方

こうすればうまくいく!

「指導計画に組み込み、計画的に進めます」

テストやテスト直しを指導計画に組み込みます。

こうする その1 年間指導計画の中に組み込む

12. 割合	15	・割合の意味と求め方
		・割合、くらべる量、もとにする量の求め方
		・百分率の意味、歩合
		・百分率を使った問題
		・帯グラフ、円グラフの読み方、特徴、書き方
復習と準備	1	・既習内容の確認、次単元のレディネス
13. 円と正多角形	7	・正多角形の概念、正多角形の作図
		・円周と直径の関係、円周率
		・円周や直径の求め方
		・円周を使ったいろいろな問題
復習と準備	1	・既習内容の確認、次単元のレディネス
14. 角柱と円柱	6	・角柱と円柱の概念、特徴、性質
		・角柱と円柱の見取り図、展開図
		★発展　角錐と円錐
記号と式	1	式の読み方
算数おもしろランド	1	
もうすぐ6年生	4	第5学年の総復習
3学期の時数(3学期制) ＜標準時数42時間＞	40時間(予備時数　1時間)	
後期の時数(2学期制) ＜標準時数86時間＞	75時間(予備時数　11時間)	
年間総時数 ＜標準時数 175時間＞	162時間(予備時数　13時間)	

年間の授業時数と指導計画の予定を確認する

- 教科書会社から出されている指導計画には年間指導時数が書かれていますが、テストの時間は含まれていません。テストの時間を教科の指導計画の中に位置づけます。
- 習熟のための時間も確保し、授業の中に組み込んでいきます。

指導計画の時数とテストの枚数を調べます

こうする その2 週案の中に位置づける

5年の例

	月(10日)	火(11日)	水(12日)	木(13日)	金(14日)
	国	国	書写	社	理
			・『成長』	・米作りのさかんな地域	・メダカのたん生
			書写	国	算
			・『成長』	・ワークテスト「百年後のふるさとを守る」	・テスト直し「小数のかけ算」 ・小数のわり算
			外国語	算	図
			・あいさつをしよう	・ワークテスト「小数のかけ算」	・糸のこドライブ
			算	道	図
			・小数のかけ算	・1-(4) 誠実・明朗「手品師」	・糸のこドライブ

3年の例

水(25日)	木(26日)	金(27日)
体	音	国
・マット運動	・合同演奏	・テスト直し「ありの行列」 ・ほうこくする文章を書こう
算	国	算
・ワークテスト「わり算」	・ワークテスト「ありの行列」	・長さ
国	算	理
・ありの行列	・テスト直し「わり算」 ・長さ	・チョウを育てよう

学年に合わせて計画的に

- 週案の中に、テストの時間を位置づけます。
- 低・中学年の場合は、1日の中に複数のテストが重ならないように気を付けます。
- 高学年では中学校に向けて、あえて1日にまとめてテストをすることもあります。
- テスト直しの時間も確保しましょう。

週案を立てる時に、いつテストをするか考えます

もっとうまく進めるためのコツ!!

コツ1 テスト実施時間の設定

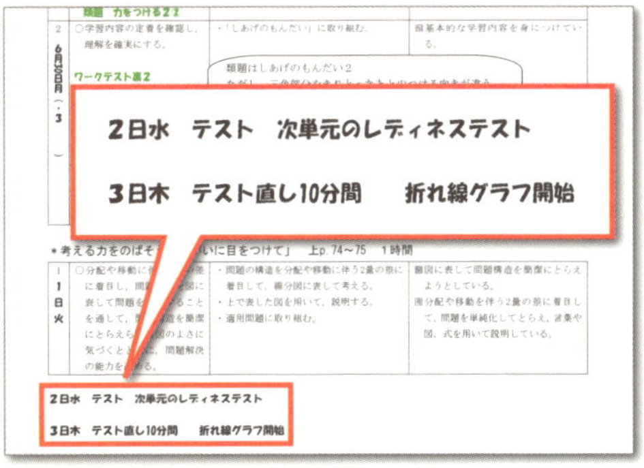

単元の指導計画の中のどこにテストを実施する時間を設けるか、あらかじめ決めておきます。

テストの前に、ドリルの関連するページを終わらせておくなどの工夫も必要です。

コツ2 テスト直しの時間も確保

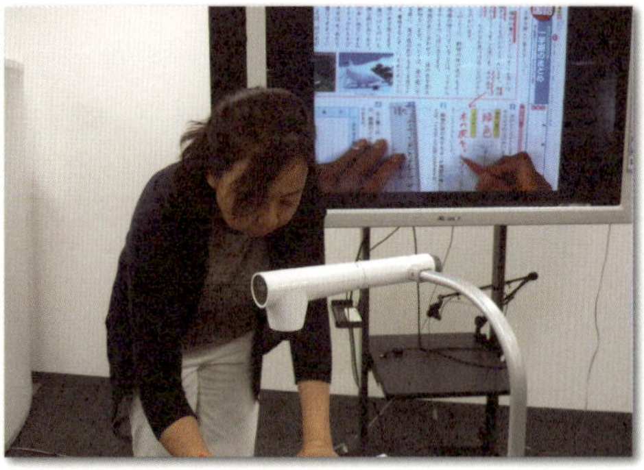

テスト直しまでがテストです。

授業時間内でテスト直しが難しい場合は、朝の時間などのすき間の時間を使います。

コツ3 テストの範囲に注意

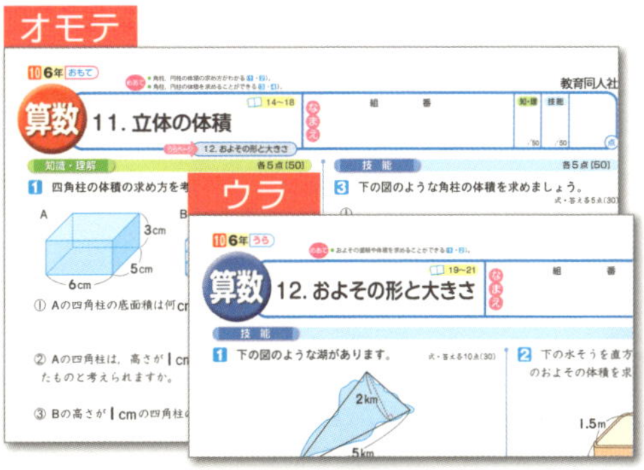

テストは、1単元1枚とは限りません。単元によっては、表裏2単元で構成されていることもあります。

国語では、大きな単元のあとの小単元が含まれている場合もあります。あらかじめ学習範囲を確認しておきます。

コツ4 授業内容と学校教材の関連をみる

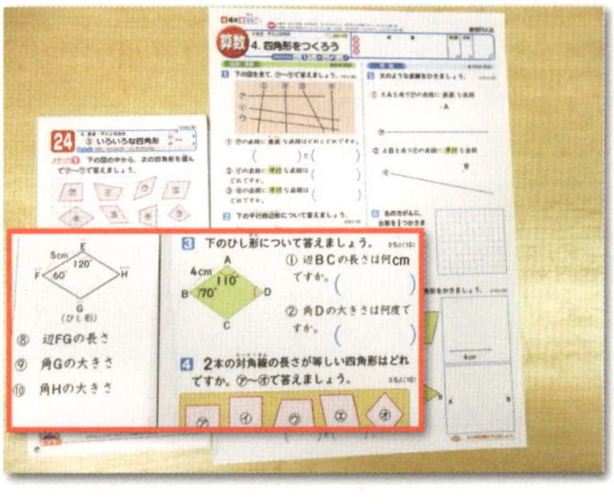

それぞれの時間の学習内容と学校教材の関連を見ておきます。

テストに単元の大切な内容が凝縮されていることを活用していきます。教科書の内容・図・資料とテストとの関連も見ておきます。

あらかじめテスト実施やテスト直しの時間を設定しておくのね！

③ テストを見越した授業の進め方

こうすればうまくいく！

「答え方も授業で指導します」

ワークテストは、学習内容の定着をみるために行うものですが、
事前に答え方や表記の仕方まで、確実に指導しましょう。

こうする その1 教材研究の一つとしてのワークテスト

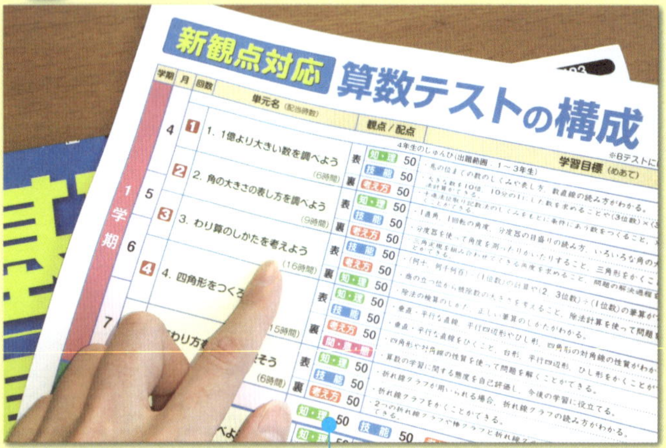

ワークテストも教材研究の材料に

- ワークテストには、その単元でおさえるべき内容が取り上げられています。
- ワークテストを、教材研究の材料の一つとして活用します。

事前に問題を見て、おさえるべきポイントをつかんでおきます

こうする その2 教科書との対応をみる

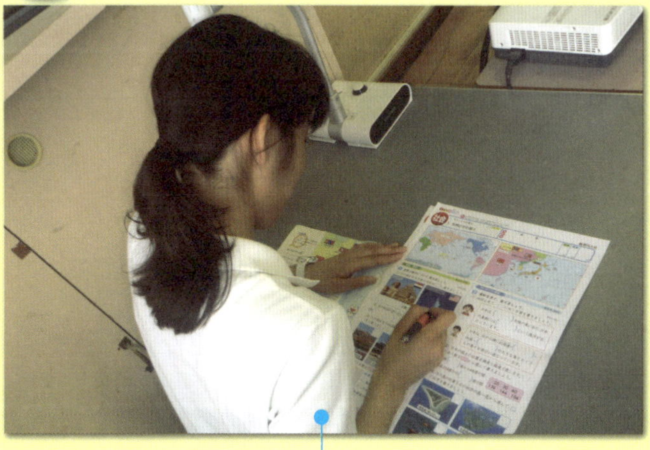

教科書の記述と出題の仕方を比較

- 教科書の記述とワークテストの出題の仕方をあらかじめ比較しておきます。
- 答え方や表記の仕方を指導しておく必要のあるものを把握しておきます。

問いに正対できるように、答え方や表記の仕方も指導しておきます

もっと うまく進めるための コツ!!

コツ1 ドリルで習熟させる

ドリルを使ってテスト範囲の内容を習熟させておきましょう。

ドリルには、教科書の学習範囲のページが示されているので、教科書の進度に対応させて活用することができます。

コツ2 つまずきの多い内容を把握

テストの前、宿題チェックなどを通して、つまずきが見られる問題や、定着が十分でない内容を把握しておきます。

つまずきの多い内容は、個別に指導したり、全体で確認しておく必要があります。

コツ3 指導した通りに書かせる

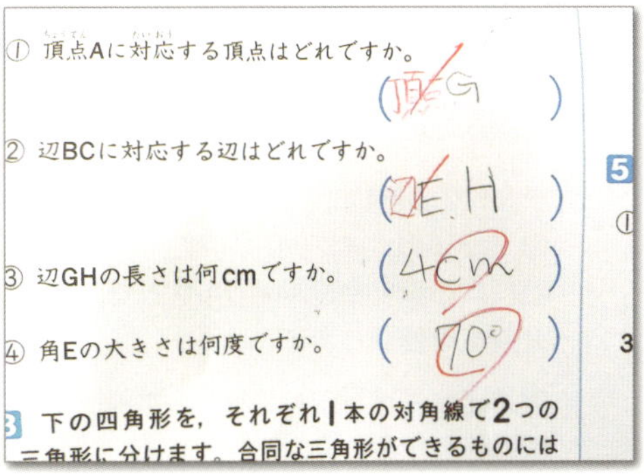

答えの書き方や解答の仕方は授業で教え、テストの時も同じように書けるよう指導します。

各クラスでばらつきが出ないように、学年で決めておきます。単位の書き方、筆算の仕方など、教科書に準じた書き方を身に付けさせ、テストの時も同じように書かせます。

コツ4 一度自分で解いてみる

単元が始まる前に、教師がワークテストを解いてみます。

問題に取り組ませる時に、注意させたいところや子供のつまずきやすそうなところが明らかになります。

普段の指導の結果がテストに反映されるのね！

④ テスト前の準備

こうすればうまくいく！

「教師も子供もしっかり準備します」

テスト前の準備は定着度アップに直結します。テストの点数に反映されるので、学習へのさらなる意欲につながります。

こうする その1 実施日や内容を予告する

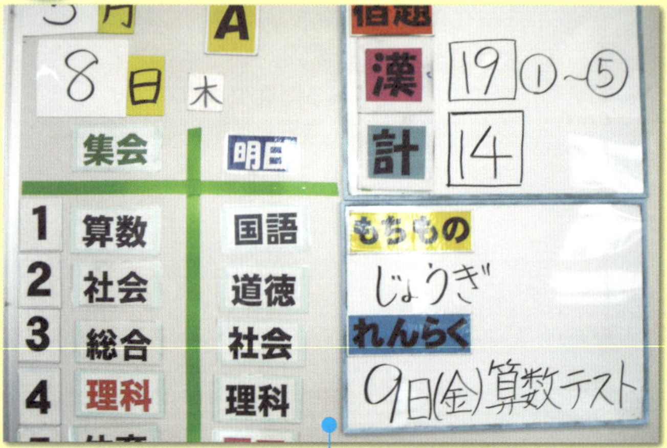

事前にテストの予定を知らせる

- いつ、どんな内容のテストを実施するか子供に予告しておきます。
- 高学年には範囲を示し、計画的に復習してテストに臨ませることで家庭学習の方法が身に付きます。

テストの予定を知らせ、テストに向けた準備をさせます

こうする その2 定着度を確認する

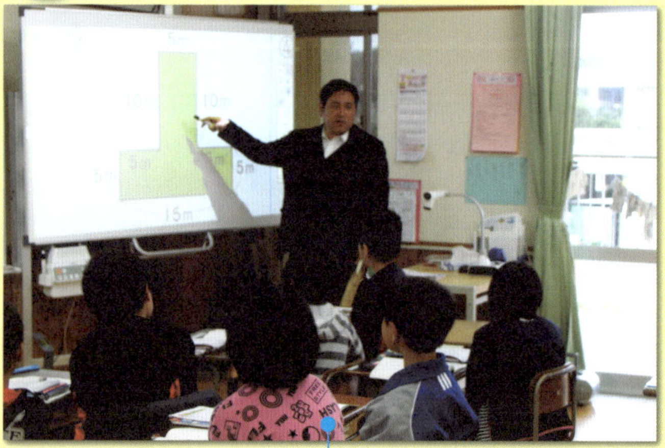

テスト前に定着度確認の時間を確保

- テストをする前に、単元全体のポイントについて教科書の習熟問題やドリルなどで定着度を確認します。
- 定着度が不十分なところは必ず補って指導しておきます。

つまずきが多かったところは特に念入りに！

もっとうまく進めるためのコツ!!

コツ1 必要な道具を忘れず連絡

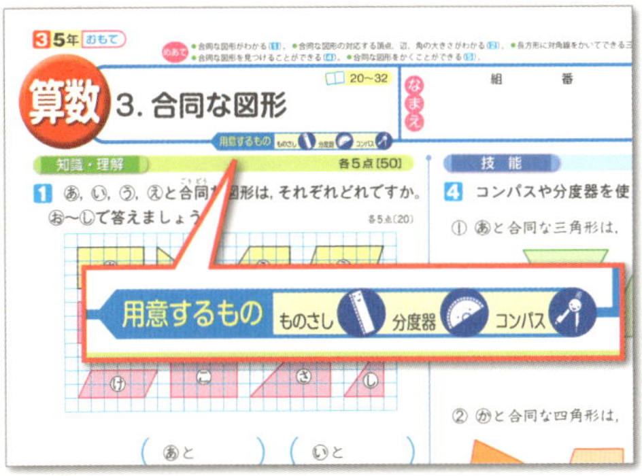

テストを実施する前日までに用意するものを確認して持ち物を連絡し、全員に道具を準備させます。

図形単元のテスト問題などでは、コンパスや定規、分度器などが必要な場合があります。
国語の読解では、教科書を使って答える場合もあります。

コツ2 テストの日程はそろえて

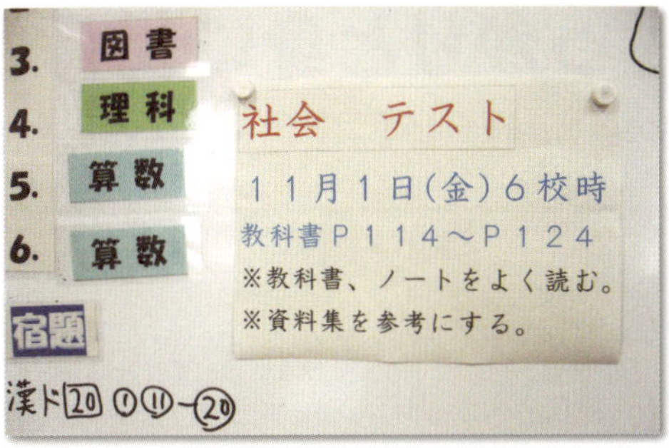

テストを実施する日はできるだけ学年でそろえましょう。

日頃から各クラスの学習進度をそろえることが大切です。特にテストの日程は、不公平感をもたせないために、できるだけそろえます。

コツ3 プレテストを活用

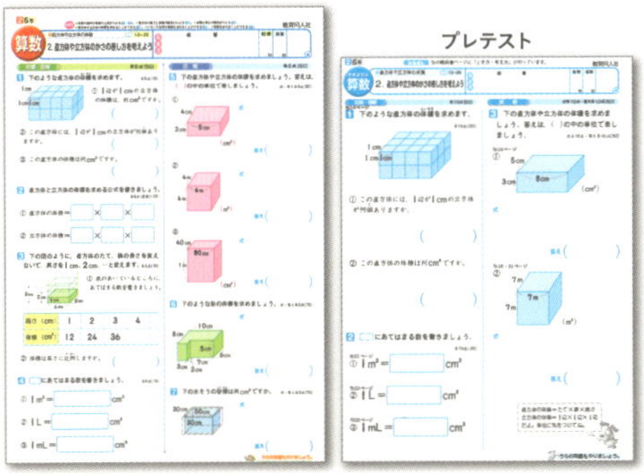

テストには、テストの前に実施するプレテストが付いているタイプのものがあります。

プレテストを利用すれば、定着度を確認できます。ヒントも載っているので、テスト前の学習に役立ちます。

コツ4 テスト勉強はこまめにチェック

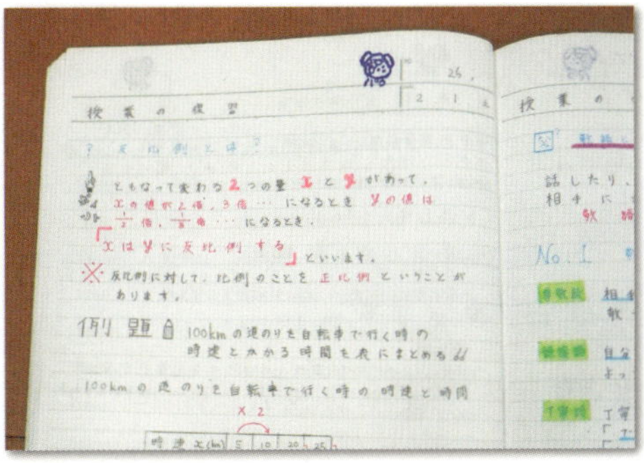

高学年は、テストに向けて計画的に学習に取り組ませます。

学習したことを自分の言葉でノートにまとめさせたり、苦手なところを自分で選び、ドリルで繰り返し練習させたりします。学習の様子は教師がチェックしてアドバイスします。

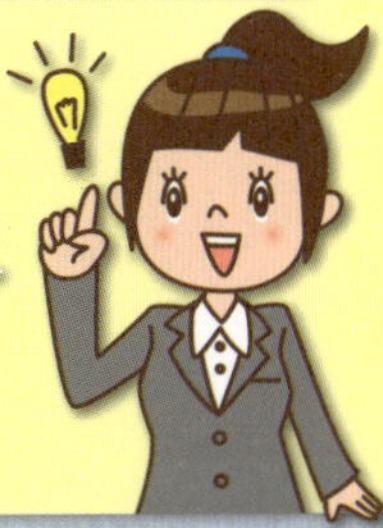

準備をしっかりさせることが大事なのね！

5 テストの実施

こうすればうまくいく！

「テストへの取り組み方をしっかりと身に付けさせます」

どの教科のワークテストも、同じルールで取り組ませます。

こうする その1 テストを受ける態勢を整えさせる

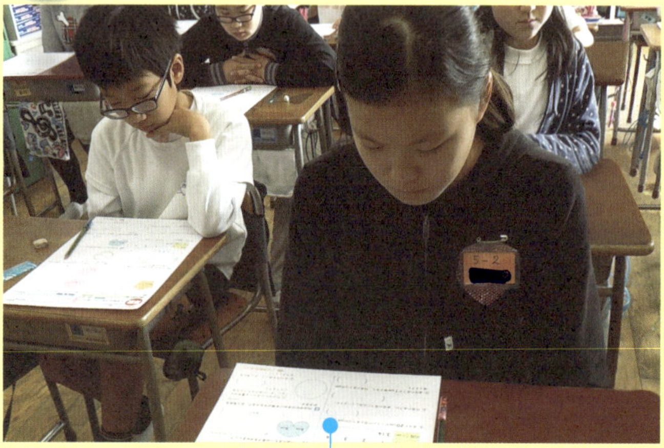

ルールはいつも同じ

- テストを受ける机の配置にする、必要なものだけ机の上に出す、まず名前を書くなど、テストを始めるときは、いつも同じように準備させます。

全員が名前を書き終わってから始めます

こうする その2 テスト中の教師の役割

必要に応じて声をかける

- 注意事項の確認や時間設定など、必要なことを先に指示します。
- テスト中は一人ひとりが自分の力で落ち着いて取り組めるよう、子供を見守ります。
- 必要に応じて机間巡視し、解き忘れがないか、丁寧に書けているかなどを確認します。

大事なことは先に指示します

もっとうまく進めるためのコツ!!

コツ1 テスト中のルールを確認

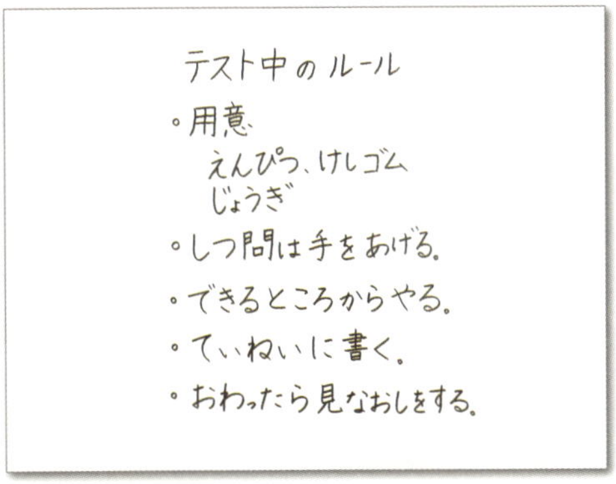

基本的な約束は、低学年のうちから身に付けさせます。

「テスト中は立ち歩かない」「話をしない」「友達のテストを見ない」などのルールを徹底します。持ち物やテストの仕方にかかわることも周知します。

コツ2 筆算は消させない

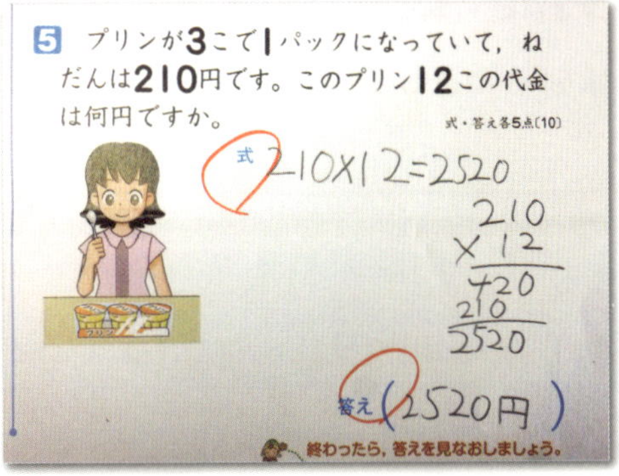

算数のテストでは、途中の計算や筆算を消さないで残しておくように指導します。

教師にとっては、子供の思考の過程を知る手がかりになります。また、子供たちも自分がどこでどのように間違えたのか振り返ることができます。

コツ3 見直しをさせる

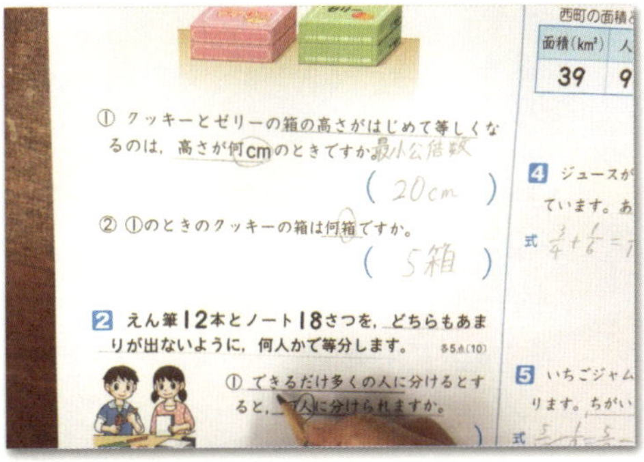

解き終えたテストは必ず見直しをさせます。

正しい文字で書いているか、解き忘れている問題はないか、答え方は正しいかなど、見直しのポイントをあらかじめ教えておきます。

コツ4 欠席者への対応

テストの日に欠席した子供には、再度実施する日を告げて取り組ませましょう。

場所と時間を確保し、落ち着いてテストを受けられるように配慮しましょう。

約束事を共有して、いつも同じように指導することが大切なのね！

⑥ 採点の仕方

こうすればうまくいく!

「明確な基準をもって採点します」

明確な基準をもって採点し、評価につなげていきます。

こうする その1 基準をそろえる

採点基準を明確に

- 学年で基準をそろえて採点します。
- 部分点をどのようにつけるかなど、問題に応じた基準を明らかにしておきます。
- 算数等で少人数指導を行っている場合には、一人が全クラス分採点するというのも、基準をそろえる方法の一つです。

誤字脱字や単位忘れの減点など、細かいところまで学年で基準を合わせます

こうする その2 ○と×のつけ方

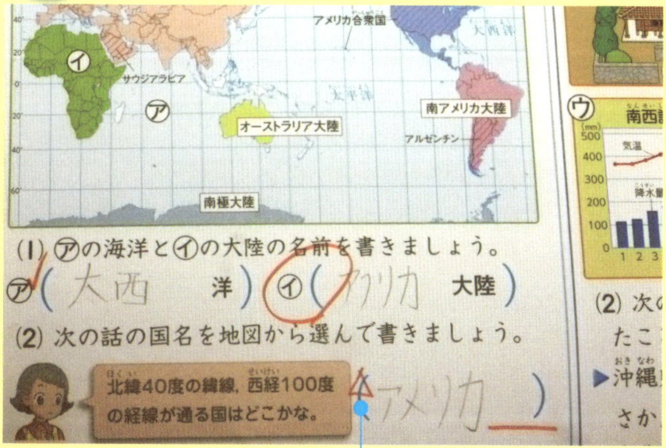

間違い直しの妨げにならないように

- ○×は、間違い直しの妨げにならない大きさ、位置につけます。
- 部分点をつけるときには、減点部分が明確になるようにつけます。

間違いが一目で分かるようにはっきりと

もっとうまく進めるためのコツ!!

コツ1 間違いの多い問題を把握

誤答の多い問題を把握しておき、テスト直しの指導のときには、その問題を取り上げるようにします。

習熟が不十分な内容は何か、答え方が理解できていない問題はどれかを意識して採点します。

コツ2 メモ欄も評価に入れる

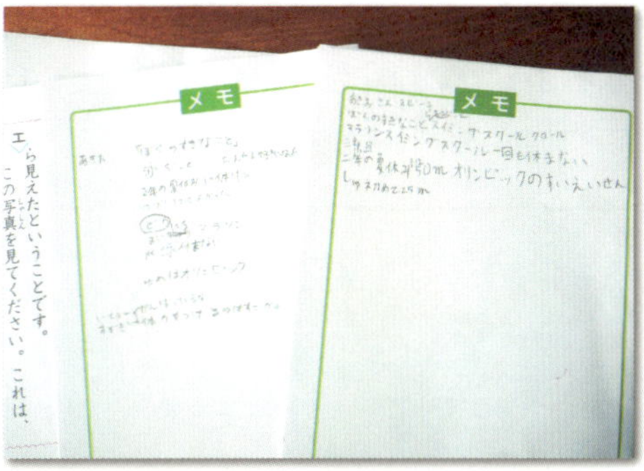

<聞くテスト>では、解答だけでなく、メモ欄も評価に入れます。

メモの取り方を「聞く力」の評価に反映することもできます。

コツ3 実施してすぐに採点

テストを実施したら、その日のうちに採点するのが原則です。

翌日、子供が自分の解答を覚えているうちに返却し、すぐにテスト直しをさせることで、短時間で効果的に間違い直しをすることができます。

コツ4 同じ基準で採点する工夫

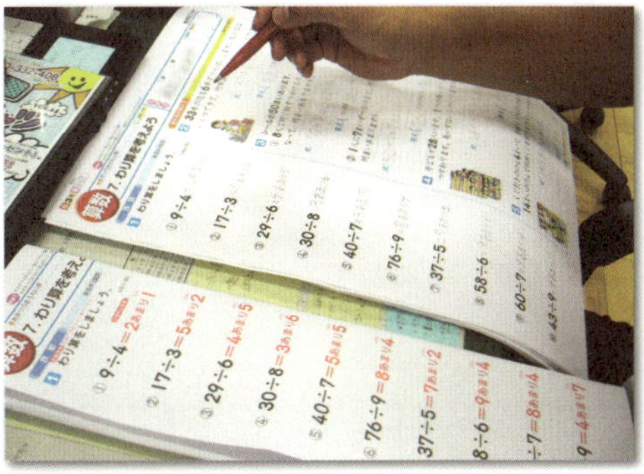

問題を区切って丸つけをすることで、採点ミスが減ります。

一人分ずつ採点するのではなく、同じ問題を続けて採点します。特に、記述の解答は、解答例や誤答例をメモしておき、採点の基準が学年で同じになるようにします。

採点の仕方にもコツがあるのね！

⑦ テスト直し のさせ方

こうすればうまくいく!

「覚えているうちにテスト直しをさせます」

テスト直しの手順をしっかり指導し、自分でも直せる力を子供に身に付けさせます。

こうする その1 できるだけ早く直させる

実施した翌日には返す

- 子供が問題の内容を覚えているうちにテスト直しをさせ、学習内容の定着を図ります。
- どれくらいできたかを知ることが、子供の学習意欲につながります。

実施から間をおかずに間違い直しをすれば、学習効果が上がります

こうする その2 間違いは消させない

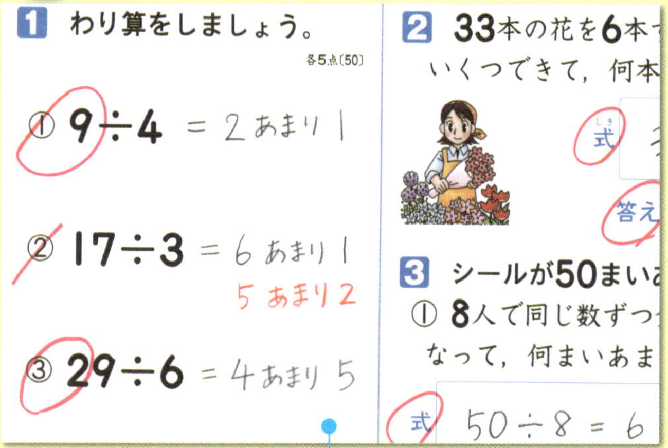

直した答えは余白に書かせる

- テスト直しをさせるときは、赤鉛筆(赤青鉛筆)だけを机上に出すように指示します。
- 間違えたところは消さずに赤で直させます。
- 「どこが間違っていたのか」「正解と自分の答えはどこが違っているか」が、後からでも分かるようにするためです。

間違えたところがひと目で分かるように直させます

もっと
うまく進めるためのコツ!!

コツ1 ＜見なおしシート＞の活用

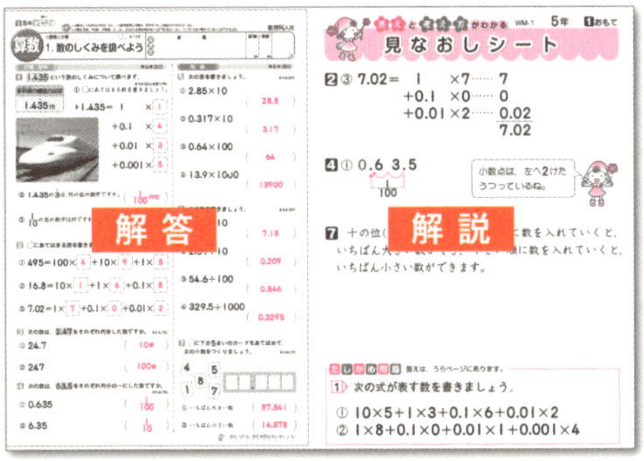

＜見なおしシート＞の解説を読めば、
子供自身で直すことができます。
また、ペア等で正しく直したかを
確認させる際にも活用できます。

ワークテストには、子供に配布できる解答解説＜見なおしシート＞が付いているものがあります。

コツ2 「テストの答え方」を教える

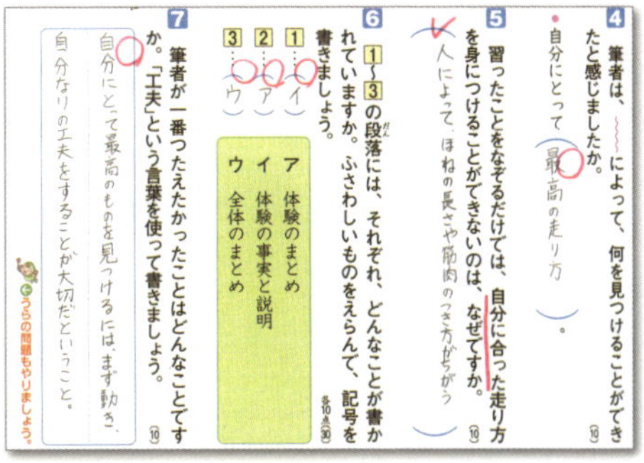

テスト直しの時間には、
正解を書かせるだけでなく、
答え方も指導します。

子供が同じ間違いを繰り返さないように、その都度繰り返し指導することが大切です。

コツ3 実物投影機で映して

子供と同じテストを実物投影機で
拡大提示し、「何をどう直せばよいか」が
子供にはっきり分かるようにします。

教師がテストに答えを書く様子を見せ同じように書かせることで、全員が正しく直すことができます。

コツ4 ちょっとした時間に

テスト直しは10分程度で
終えるようにします。

朝自習の時間や授業の始めなどで時間を取りましょう。教師の説明がなくても直せそうな問題の場合、各自でテスト直しをしておくように指示する方法もあります。

テスト直しまでがテストなのね！

⑧ 集計・評価の仕方

こうすればうまくいく！

「効率的に集計し、評価につなげます」

採点したテスト結果は、すぐに転記します。集計ソフトを使えば、いろいろな資料を作成することができます。

こうする その1 採点後、すぐ転記する

付属の集計ソフトを活用

- 採点が終わったら、すぐに転記します。
- 記録簿に筆記するか、集計ソフトを利用して手際よく記録します。
- 転記漏れや成績データの取り扱いには十分注意します。

➡ 集計ソフト P.69

集計ソフトには必要なメニューが見やすく配置されています

こうする その2 観点別に集計する

国語　観点別得集計表

テスト情報		5年1組／1学期／国語																					
観点		話・聞				書く				読む							言			
単元名		●わたしの宝物／わ	合計	到達度%	判定	次への一歩―活動報	合計	到達度%	判定	のどがかわいた	生き物は円柱形	百年後のふるさとを	■1学期のまとめ	合計	到達度%	判定	のどがかわいた	生き物は円柱形	百年後のふるさとを	次への一歩―活動報
番号	名前/単元配点	100	100			100	100			100	100	100	100	400			50	50	50	50
1	[redacted]	80	80	80	A	90	90	90	A	85	90	90		265	88	A	50	45	40	45
2	[redacted]	85	85	85	A	85	85	85	A	95	80	85		260	87	A	35	30	35	50
3	[redacted]	75	75	75	B	95	95	95	A	95	75	95		265	88	A	45	30	30	40
4	[redacted]	40	40	40	C	80	80	80	A	80	85	85		250	83	A	40	25	25	35
5	[redacted]	90	90	90	A	75	75	75	B	90	95	75		260	87	A	50	35	35	30
6	[redacted]	95	95	95	A	40	40	40	C	85	100	95		280	93	A	45	50	45	25
7	[redacted]	50	50	50	C	85	85	85	A	95	85	95		275	92	A	35	45	40	35
8	[redacted]	95	95	95	A	40	40	40	C	75	90	100		265	88	A	30	40	50	45
9	[redacted]	100	100	100	A	40	40	40	C	80	95	90		265	88	A	30	40	40	40
10	[redacted]	90	90	90	A	50	50	50	C	90	95	85		270	90	A	25	25	35	30
11	[redacted]	85	85	85	A	85	85	85	A	85	100	95		280	93	A	40	35	25	25
12	[redacted]	90	90	90	A	90	90	90	A	95	85	100		280	93	A	25	45	30	35
13	[redacted]	80	80	80	A	95	95	[illegible]	A	100	90	95		285	95	A	35	35	35	35
14	[redacted]	75	75	75	B	90	90	90	A	90	90	85		265	88	A	45	15	25	50

表計算ソフトへの出力も可能

- 合計点だけでなく、観点別に点数を記録しておくと、通知表や指導要録に反映しやすくなります。
- 集計ソフトから表計算ソフトへ出力することもできますので、自分に合った使い方を工夫できます。

学年末に指導要録を作成する際にも便利です

もっとうまく進めるためのコツ!!

コツ1 補充プリントを活用して定着を

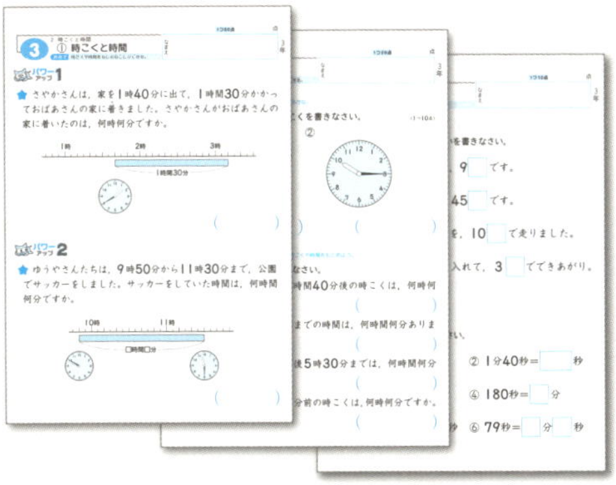

3 ① 時こくと時間

パワーアップ1

★ さやかさんは，家を1時40分に出て，1時間30分かかっておばあさんの家に着きました。さやかさんがおばあさんの家に着いたのは，何時何分ですか。

1時　2時　3時　1時間30分

パワーアップ2

★ ゆうやさんたちは，9時50分から11時30分まで，公園でサッカーをしました。サッカーをしていた時間は，何時間何分ですか。

10時　11時　□時間□分

テストの間違いを理解させたり、習熟させたりすることに役立ちます。

定着度によって、プリントを選ぶことができます。

➔ ダウンロードプリント P.66

コツ2 集計のしかた

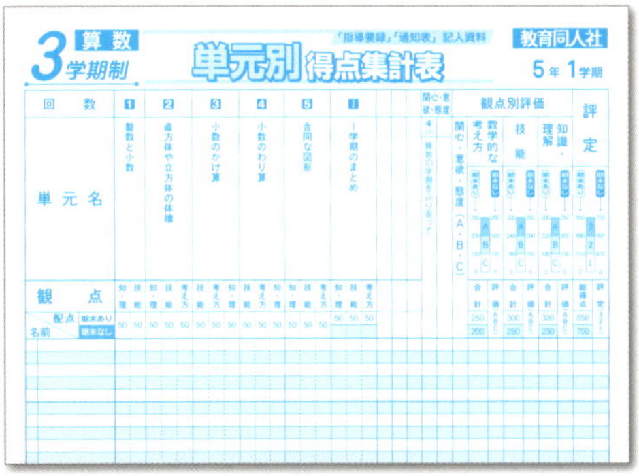

3学期制 算数 「指導要録」「通知表」記入資料 単元別得点集計表 教育同人社 5年 1学期

回数	1	2	3	4	5	1
単元名	整数と小数	直方体や立方体の体積	小数のかけ算	小数のわり算	合同な図形	1学期のまとめ

関心・意欲・態度　観点別評価　評定

ワークテストの教師用には、観点別に点数を記入できる表が付いています。

手書きで記録するのに便利です。

コツ3 関心・意欲をみる問題も評価に活かす

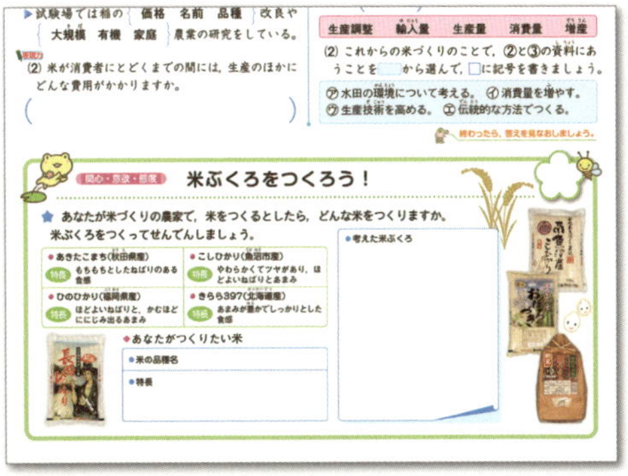

▶試験場では稲の｛価格　名前　品種｝改良や｛大規模　有機　家庭｝農業の研究をしている。

(2) 米が消費者にとどくまでの間には，生産のほかにどんな費用がかかりますか。

生産調整　輸入量　生産量　消費量　増産

(2) これからの米づくりのことで，②と③の資料にあうことを□から選んで，□に記号を書きましょう。

㋐ 水田の環境について考える。 ㋑ 消費量を増やす。

㋒ 生産技術を高める。 ㋓ 伝統的な方法でつくる。

終わったら，答えを見なおしましょう。

関心・意欲・態度　米ぶくろをつくろう！

★ あなたが米づくりの農家で，米をつくるとしたら，どんな米をつくりますか。米ぶくろをつくってせんでんしましょう。

● あきたこまち(秋田県産)　特長 もちもちとしたねばりのある食感

● こしひかり(魚沼市産)　特長 やわらかくてツヤがあり，ほどよいねばりとあまみ

● ひのひかり(福岡県産)　特長 ほどよいねばりと，かむほどににじみ出るあまみ

● きらら397(北海道産)　特長 あまみが豊かでしっかりとした食感

◆あなたがつくりたい米

●米の品種名

●特長

●考えた米ぶくろ

関心・意欲をみる問題にも、必ず取り組ませます。

点数化できないものも、基準を決めて評価します。

コツ4 採点基準例を活用する

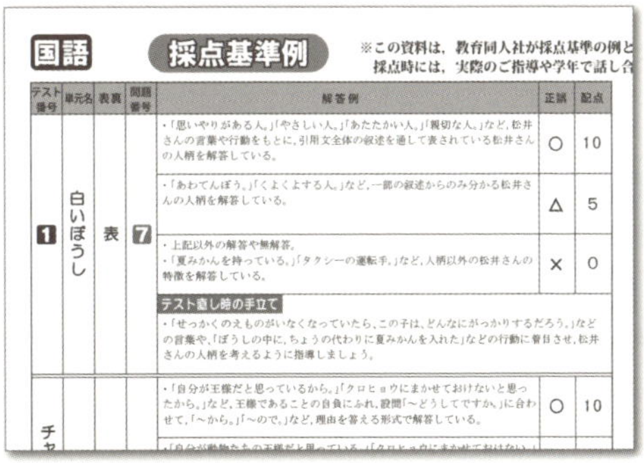

国語　採点基準例　※この資料は，教育同人社が採点基準の例と　採点時には，実際のご指導や学年で話し合

テスト番号	単元名	表裏	問題番号	解答例	正誤	配点
1	白いぼうし	表	7	・「思いやりがある人。」「やさしい人。」「あたたかい人。」「親切な人。」など，松井さんの言葉や行動をもとに，引用文全体の叙述を通して表されている松井さんの人柄を解答している。	○	10
				・「あわてんぼう。」「くよくよする人。」など，一部の叙述からのみ分かる松井さんの人柄を解答している。	△	5
				・上記以外の解答や無解答。 ・「夏みかんを持っている。」「タクシーの運転手。」など，人柄以外の松井さんの特徴を解答している。	×	0
				テスト直し時の手立て ・「せっかくのえものがいなくなっていたら，この子は，どんなにがっかりするだろう。」などの言葉や，「ぼうしの中に，ちょうの代わりに夏みかんを入れた」などの行動に着目させ，松井さんの人柄を考えるように指導しましょう。		
	チャ			・「自分が王様だと思っているから。」「クロヒョウにまかせておけないと思ったから。」など，王様であることの自負にふれ，設問「～どうしてですか。」に合わせて，「～から。」「～ので。」など，理由を答える形式で解答している。	○	10

指導と評価は一体です。

その単元で身に付ける内容は何かを明らかにして指導にあたります。漢字の字形の許容例や答えの書き方など、同じ方針で授業した上で評価の基準を学年でそろえます。

すぐに集計し、評価して、次の指導につなげることが大事なのね！

⑨ 保護者への説明

こうすればうまくいく！

「保護者にもしっかり伝えます」

ワークテストの主旨や取り組ませ方、一人ひとりの学習状況や課題などを伝え、保護者の理解や協力が得られるようにしましょう。

こうする その1 テスト実施の予告

学級通信

●●市立●●小学校
3年2組学級通信 第6号
平成26年5月16日（金）

図工の道具

来週の図工の持ち物は、図工バッグ、紙の箱、はさみ、ボンド、セロテープ、ペットボトルのキャップです。子供たちには水曜日に話をしていますが、特に「紙の箱」「ペットボトルのキャップ」が必要となりますので、ご家庭でのご準備よろしくお願いいたします。

漢字ドリルの進み具合

漢字ドリルのチェックは学校で毎日行い、やり忘れがある場合はふせんをつけたり、声をかけたりして

	19日（月）	20日（火）	21日（水）	22日（木）	23日（金）
1	国語 国語辞典の 使い方	算数 わりざん	社会 わたしたちのまち	国語 よい聞き手に なろう	社会 わたしたちのまち
2	理科 風やゴムの はたらき	国語 よい聞き手に なろう	理科 風やゴムの はたらき	算数 テスト わりざん	図工 タイヤをつけて 出発進行！！
3	算数 わりざん	音楽 観賞「ハンガリー	算数 わりざん	体育 80m走	図工 〃

子供や保護者に予告することが大事

- 子供だけにテスト実施の予告をするのではなく、保護者にも学習の進度やテスト実施の予定を知らせるようにします。
- 学年便り・学級便り・連絡帳などを利用します。

早めに、いつ、どこの範囲をテストするのかを知らせます

こうする その2 ワークテストが評価のすべてではない

◆通知表　各教科の評価

	評価の観点	評　価　規　準	評　価　方　法
国語	国語への関心・意欲・態度	国語に関心をもち、意欲的に学習に取り組んでいる。	学習への取り組みの様子（発言・ノート・作品等）
	話す・聞く能力	筋道を立てて話したり、話の中心に気をつけて聞いたりすることができる。	授業での様子（話す・聞く等） テスト（話す・聞く）
	書く能力	中心を明確にして、段落相互の関係を考えて文章を書くことができる。	授業での様子（書く） 作文、ノート
	読む能力	目的に応じて、中心や段落相互の関係を考えながら読むことができる。	授業での様子（ノート・発言） テスト
	言語についての知識・理解・技能	文字・語句・文章について理解し、文字を正しく書くことができる。	テスト（漢字等）、ノート、作文 授業での様子
社会	社会的事象への関心・意欲・態度	地域の発展に尽くした人々の働きや東京都の様子に関心をもち、意欲的に学習に取り組んでいる。	学習への取り組みの様子（発言・課題への取り組み）
	社会的な思考・判断・表現	地域の発展に尽くした人々の努力、東京都の様子について、自分なりの考えをもち、表現することができる。	授業での様子（ワークシート・発言）、新聞
	観察・資料活用の技能	地図や資料を活用し、正確に読み取ることができる。	地図、ワークシート、テスト

口頭だけでなく、文字にして伝える

- 学期末の保護者会で評価の方法を伝えておきます。
- ワークテストの点数は評価にかかわりますが、それだけではなく、その他の学習課題やノートなどを使って多面的に評価することを伝えます。

評価の場面や評価対象物について、具体的に伝えます

もっとうまく進めるためのコツ!!

コツ1 終わったテストは保護者に見てもらう

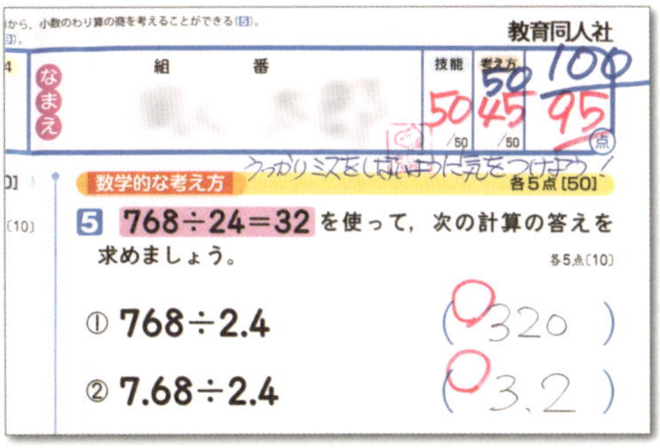

採点・間違い直しの終わったワークテストは、保護者にきちんと見てもらいます。

家に持ち帰り、サインをしてもらうなど、テストを持ち帰ったときにすることを、年度初めの保護者会でお願いしておきます。

コツ2 学習の状況を保護者に伝える

テストの結果から見える子供たちの学習の状況を保護者に伝えます。

学期末の保護者会では、評価にかかわるクラス全体の傾向について話しましょう。個人面談では面談用シートを用いながら日頃の授業の様子や提出物の状況などもあわせて伝えるようにします。

コツ3 面談シートの作成

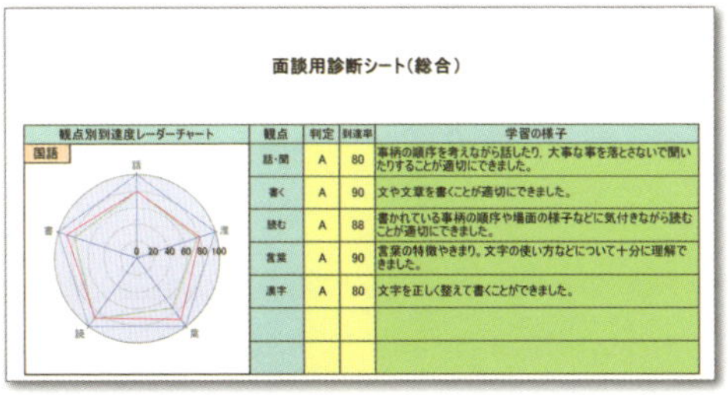

面談用診断シート(総合)

観点別到達度レーダーチャート	観点	判定	到達率	学習の様子
国語	話・聞	A	80	事柄の順序を考えながら話したり、大事な事を落とさないで聞いたりすることが適切にできました。
	書く	A	90	文や文章を書くことが適切にできました。
	読む	A	88	書かれている事柄の順序や場面の様子などに気付きながら読むことが適切にできました。
	言葉	A	90	言葉の特徴やきまり、文字の使い方などについて十分に理解できました。
	漢字	A	80	文字を正しく整えて書くことができました。

個人面談の時には、子供の学習傾向の分かる資料を用意します。

集計ソフトを活用すれば、データをもとに助言も含めた資料を短時間で作成することができます。

しっかりと伝えて、協力してもらうことが大切なのね!

学校教材活用指導法研究会　実践レポート①

コラム

「ワークテストの活用」

遠藤裕美子先生
東京都
世田谷区立山野小学校

ワークテストの活用

当たり前に購入しているワークテスト。単元の学習内容について理解や定着を確かめる目的で使用していますが、その活用法について、深く考えることはありませんでした。単元の終わりに「今度テストをするから復習しておきましょう」と予告をしていても、その「復習の仕方」については児童任せにしている部分がありました。テスト直しも、得点によってかかる時間に差が生じ、かと言って全員で一問ずつ確認していく方法だと、学年が上がるにつれて時間の確保が難しくなってしまうことが悩みでした。そこで、私は、以下の2つのことを見直すことにしました。

テスト前の確認は、「重点を押さえて」

テスト前に単元のまとめをしっかりと行うようにしました。ワークテストは、単元で指導すべきことが整理されて作られています。誤解を恐れずに言うと、単元の指導前にワークテストに出ているところを確認しておけば、指導の重点がわかるということです。テスト前に重点を押さえ直すことで、児童の理解を確実にすることができます。ワークテストには、「プレテスト」付きのものもあるので、それを活用するのもひとつの方法です。プレテストは、重点がコンパクトにまとめられているだけでなく、その問題の解き方や考え方が教科書のどこに載っているかも示されているので、間違えたところを自分で復習するときにも便利です。家庭学習では、プレテストで間違えたところを中心に復習させるようにします。

テスト直しは、「すぐに」「短時間で」「効率よく」

実施するワークテストの枚数を考えると、1枚のテスト直しにかけられる時間は限られています。そこで、テスト直しを短時間で効率よく行うために、実施後できるだけ早く返却し、直しをさせるようにします。すぐに行うと、児童も問題や自分の解答を覚えているので、思い出すのに時間がかかりません。計算ミスなどの単純な間違いは、すぐに自分で直すことができます。解説が必要な問題は、実物投影機でワークテストを映して効率よく説明します。実物を映せば、本文や資料で着目すべきところを明確に示すことができます。解き方や考え方を書き込みながら説明することで、間違えた原因に気付かせることもできます。時には解答を映して、答え方の確認をすることもあります。「見なおしシート」は自分で直しをさせたり、類似問題でさらなる定着を図ったりするのに効果的です。

これからも、児童に確実に力を付けられるよう、事前の指導やテスト直しの仕方を見直して、より効果的にワークテストを活用していきたいと思っています。

プレテストつきワークテスト
「プラスワンP算数」(教育同人社)

出典「学校教材はこう使おう！ ベテラン先生に学ぶ、学校教材活用法」フリーマガジン『WUTAN24』(NPO法人全国初等教育研究会発行 2013年11月)

第3章

もっと知りたい!

ワークテストをかしこく使う14のコツ!

テスト前 ①

ワークテストを選ぶポイント

見やすさも意識しよう

私のやり方 ① 文字の大きさや記号を見る

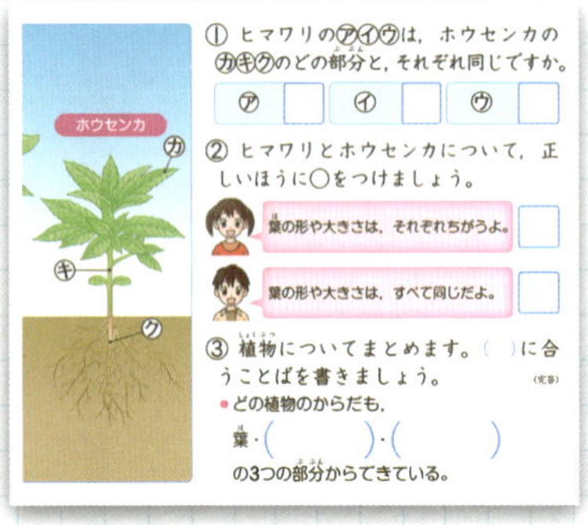

文字の大きさや記号の表記など、子供の発達段階に合っているかを確認しましょう。解答を記入する場所が分かりやすく示されているか、設問間に適切な余白があるか、などレイアウトにも注目しましょう。

私のやり方 ② 実験器具の写真や図を見る

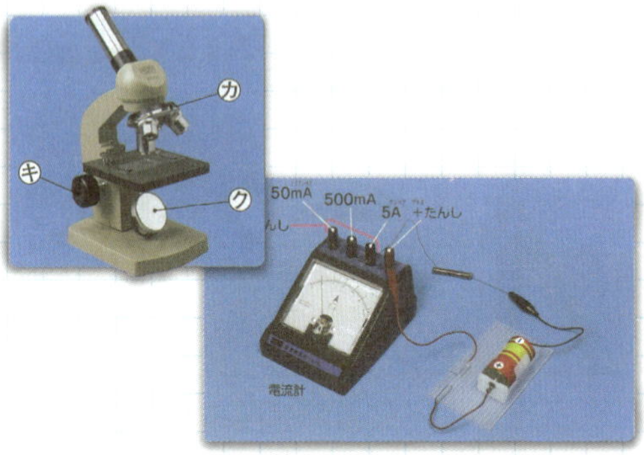

理科の時間に行った実験の図や実験器具などの写真は、問題を解くための大切な手がかりになります。**使われている図や写真が妥当かどうか確かめましょう。**

私のやり方 ③ さし絵や資料を見る

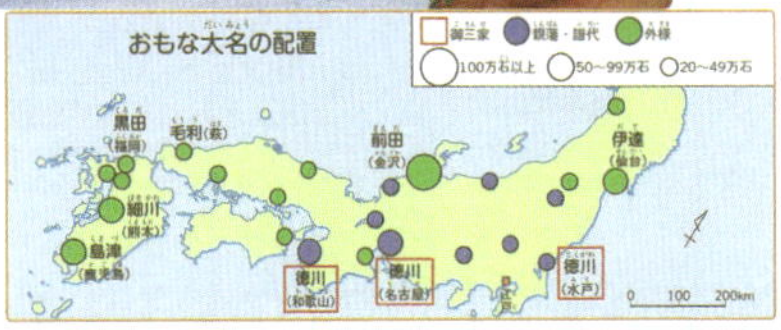

ワークテストは、教科書に合わせて作られていますが、教科書と同じさし絵や資料が使われていない場合もあります。**設問に使われている資料を確認し、教科書との違いを事前に把握しておきましょう。**

私のやり方 ④ テストの枚数を確かめる

テストの種類によって枚数が違います。指導計画の配当時数に応じて、期末テストを実施するかを検討しましょう。復習のためのプレテスト、思考力・表現力に特化したテストなど、**指導の重点に合うテストを選びましょう。**

事前準備

テストを実施する環境を整えよう

私のやり方① 学習に関係する掲示物は外す

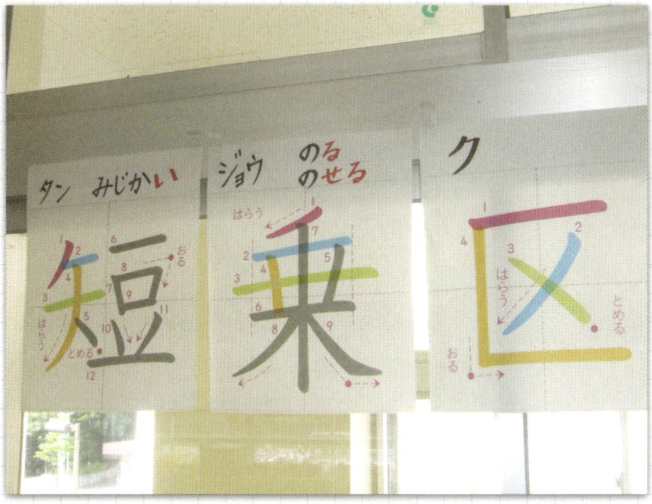

テストを実施する前に教室内の掲示物に目を配り、解答やヒントにあたるものは外します。また、九九表や地図などがかかれた下敷きなど、子供の持ち物も確認しましょう。

私のやり方② テストの日を予告する

17日	18日	19日	20日
火	水	木	金
		縦割り班遊び	
理科	社会	家庭	算数
理科	音楽	家庭	社会
算数	算数 テスト「分数」	理科	国語
外国語	体育外	算数	理科 テスト「流れる水」
家庭科 調理実習		社会 テスト「自動車」	国語
		クラブ	体育外
15:30	13:20	15:30	15:30

テストの日を予告することで、子供たちはテストに向けて準備することができます。特に高学年は中学校に向け、勉強をしてテストに臨む習慣を身に付けさせましょう。

私のやり方③ 計算のための用紙を配る

算数のテストで、単元によっては計算スペースが足りない場合があります。筆算をしたり、途中の計算を書いたりするための用紙を別に配布することもよいでしょう。

テスト前③

実施中の約束

約束事を決めよう

私のやり方❶ 名前は丁寧に書かせる

問題に取り組む前に、名前を丁寧に書かせましょう。**裏面の名前を書き忘れないために、先に表裏2か所に名前を書く習慣をつけさせましょう。**その後、問題全体に目を通させるとよいでしょう。

私のやり方❷ 分からないときは手を挙げさせる

問題の文字が読めないときなどには、静かに手を挙げさせましょう。質問の内容によって、全体に指示をするなどの対応をします。また、**分からない問題は飛ばして先に進むこともアドバイスしておきましょう。**

私のやり方❸ 途中で時間を知らせる

時間内にテストを最後まで解き終えるには、時間配分が大切です。「半分経ちました。」「残り10分です。」など、目安になる時間を子供たちに伝えましょう。タイマーを活用すると伝え忘れることがなく、便利です。

私のやり方❹ 見直しをさせる

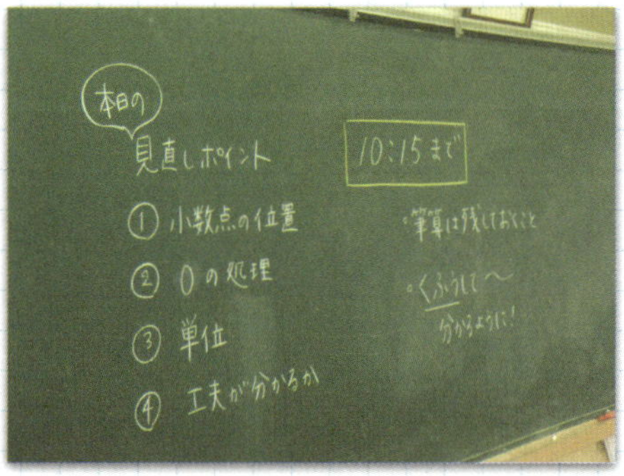

テスト終了後の指示内容によっては、次の活動内容に気をとられてしまう子供もいます。**「○○分までは見直しをします。」と指示し、**その時間までは十分に見直しをさせましょう。

テスト実施①

机の配置の工夫

見ない、見えない配置にしよう

私のやり方① 間隔を空ける

机と机の間隔を普段の授業の時よりも空けます。一人ひとりの席にして、見ない、見えない配置にします。

私のやり方② 背中合わせにする

机の向きを、窓側の列の子供は窓側に、廊下側の列の子供は廊下側にして、**背中合わせでするやり方もあります。**

私のやり方③ 外側に向ける

クラスの子供の数が多く、机の間隔を空けにくい時には、**一番前と一番後ろ、廊下側と窓側の計4列の机を教室の外側に向け、**それ以外の机は、隣同士の間隔を空けるように配置すると、スペースを確保しやすくなります。

私のやり方④ ランダムに向ける

前後左右の友達と違う方向に机を向け、見ない、見せない配置にすることもできます。

テスト実施❷

終わった子供への対応

始める前に、終わった後の指示を出そう

私のやり方❶ 黒板にやることを書いて指示する

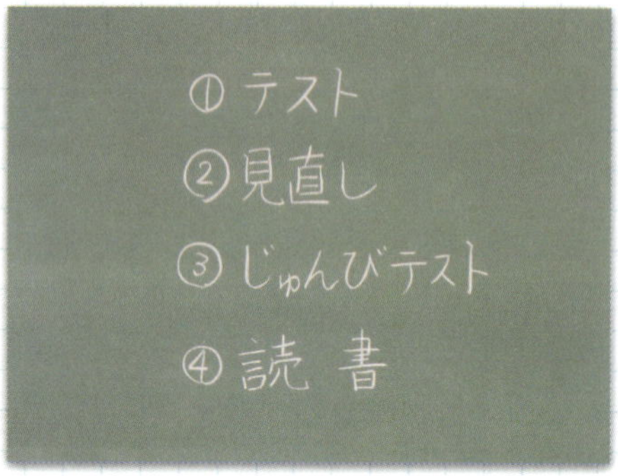

テスト、見直しが終わったら何をするのか、テスト前にしっかり指示しましょう。**黒板にテスト後にやることを書いておくと、子供はそれを見て次の活動に移ることができます。**

私のやり方❷ 他教科の学習を

テストが早く終わった子には、違う教科の課題をさせることも有効です。**テストの問題に影響のない課題を与えます。**例えば、社会科の新聞作りの続きなどをさせれば、一人で静かに取り組ませることができます。

私のやり方❸ <レディネステスト>で理解度を把握

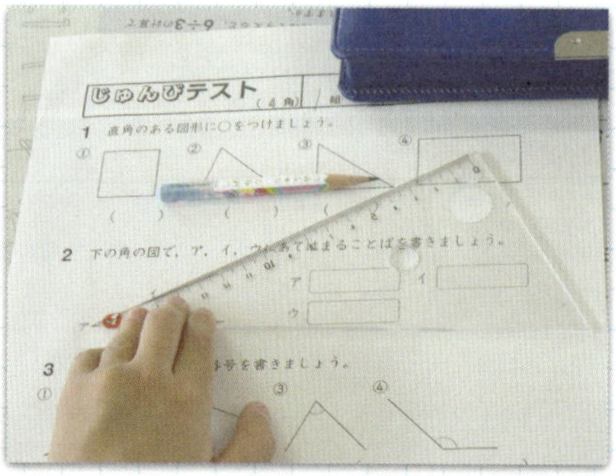

テストが終わったら、次の単元の<レディネステスト>をさせるのもよいでしょう。**子供が前学年までの学習をどれくらい理解しているか把握でき、**授業の展開に役立てることができます。

私のやり方❹ 読書をさせることも

テスト後に読書をさせると、静かに過ごさせることができます。その場合には、**テストを始める前に机の中に本を入れさせておきましょう。**

テスト実施 ③

習熟度別クラスの活かし方

習熟度別のクラスで効率的にテストをしよう

私のやり方 ❶ 習熟度別クラスを活用してテストに取り組む

算数では習熟度別クラスで授業を展開することが多く見られます。習熟度別クラスのままでテストをします。そうすることで、**テストにかかる時間の違いなどに対応し、テストが終わったあとの時間を有効に活用することができます。**

私のやり方 ❷ テストが早く終わるクラスでは

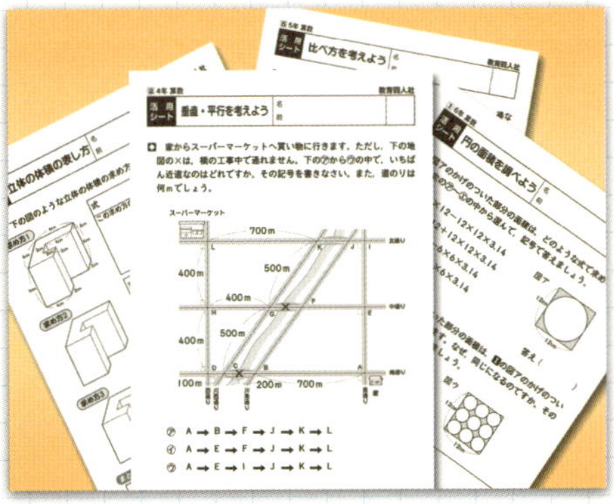

テストが早く終わった子供には、別プリントを用意して取り組ませます。基本問題を用意したり、応用問題をさせたりしてより深い定着を図りましょう。**ドリルやワークテストについているダウンロードプリントを使う**と、様々な場合に対応できて便利です。

➡ ダウンロードプリント P.66

私のやり方 ❸ テストに時間がかかるクラスでは

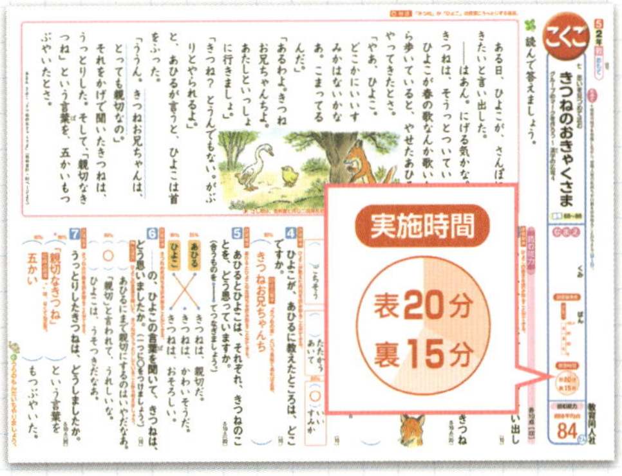

テストの解答に書かれている設定時間より多めに時間をとるようにします。レディネステストはテストが終わった子のみに渡します。

テスト実施④

提出のさせ方

効率のよい提出のさせ方を工夫しよう

私のやり方① 終わった子供から順に

テストが終わった後に別の課題をさせたいときは、**終わった子供から順次提出させる**とよいでしょう。また、一斉に提出させるときは、**出席番号順に提出させる**と、採点、転記がスムーズにでき、効率的です。

私のやり方② クラスの子供の数が多い場合には

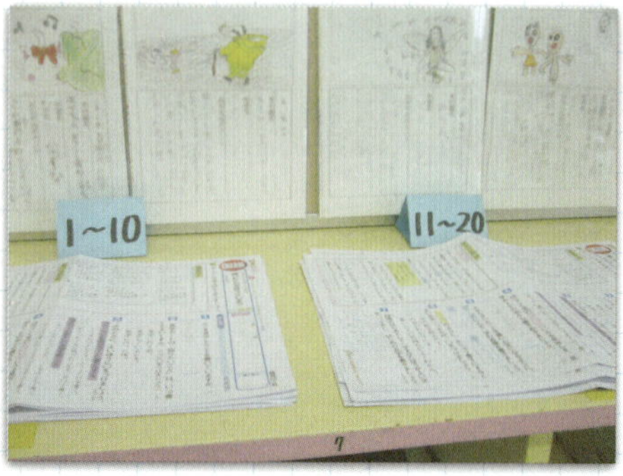

クラスの子供の数が多い場合には、出席番号順で提出させると時間がかかってしまいます。そのような場合には、1番～10番の人はここ、11番～20番の人はここというように、**10人ぐらいずつに区切って別々の場所に提出させれば、**短時間で回収することができます。

私のやり方③ ロッカーの上に並べる方法も

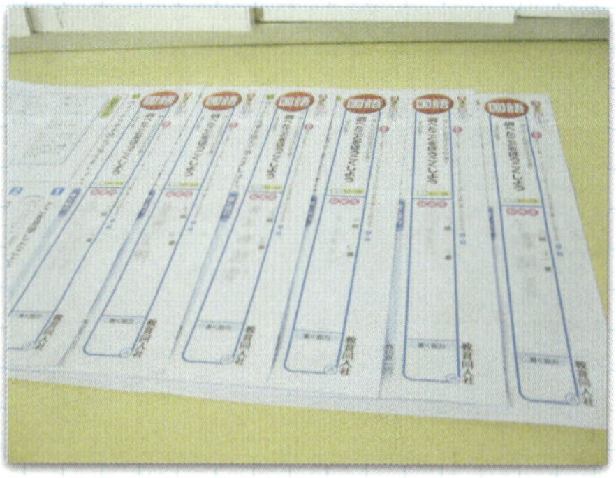

終わった子供から順に提出させるとき、ロッカーの上など広いスペースがあれば、**出席番号順に名前が見えるように少しずらして並べさせます。**このようにすれば、後で出席番号順に並べ替える手間がかかりません。

集め方を工夫すると、後で記録しやすくなるのね！

テスト実施⑤

採点基準

採点基準を明確にしよう

私のやり方❶ 字形にも注意させる

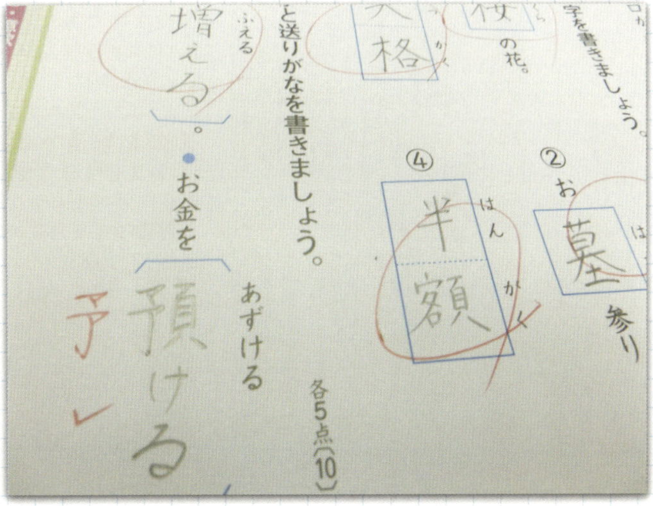

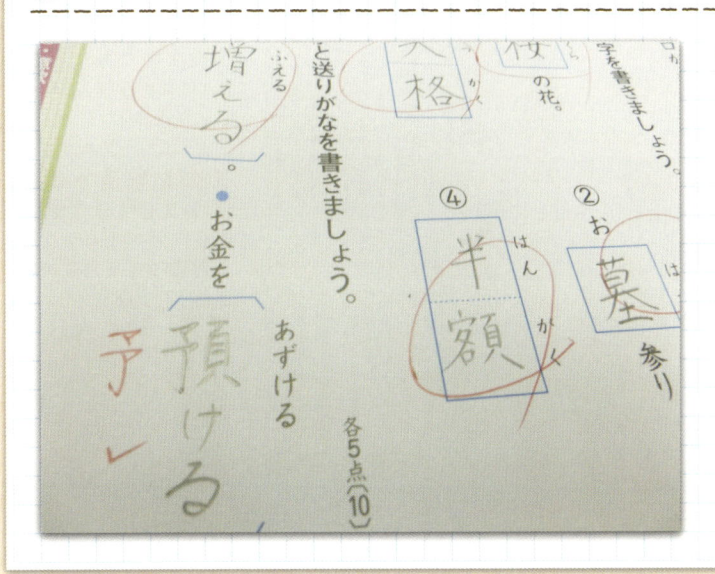

普段から、はねやとめ、はらいなど字形に気を付けて書くように心がけさせます。ワークテストでもその点に気を付けて、丁寧に書かせます。漢字には、その画が「とめ」なのか「はらい」なのか許容範囲の広いものもあるので、学年の先生方で話し合っておきましょう。

私のやり方❷ 解答の採点基準を活用する

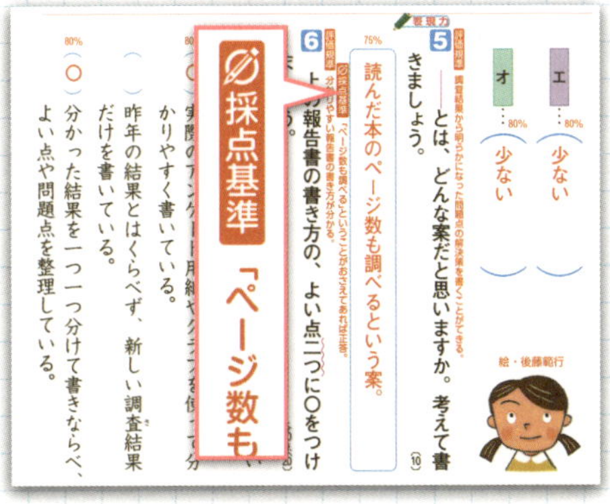

要点をまとめて答えたり、自分の言葉で整理して答えたりする問題では、解答の採点基準を参考に採点します。**クラスごとに基準が異なることのないように、学年で打ち合わせをすることも大切です。**

私のやり方❸ 厳密に採点する

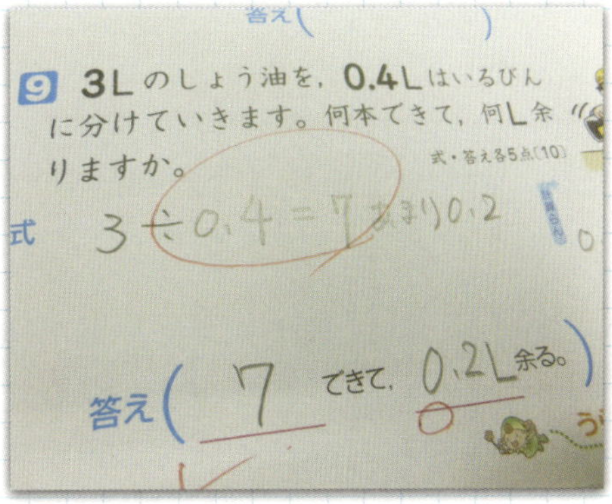

単位を書き忘れる、辺と辺がつながっていないなどの間違いも、減点の対象であることをテスト前に伝えておきます。**厳密に採点するという教師の姿勢が、解答を見直す学習技能や丁寧に取り組む力を育てます。**

テスト実施後 1

テスト直しのポイント（国語）

問いに合わせた答え方をさせよう

私のやり方 1 問いの言葉に着目させる

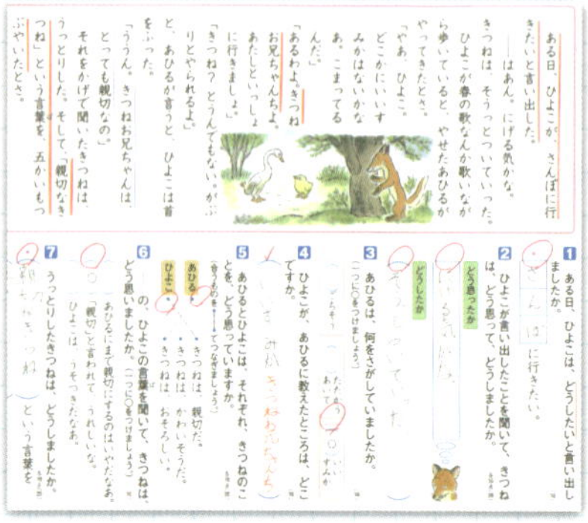

問題文を読み、問われているところを明らかにします。答えにあたる部分を見つけて赤で線を引かせます。**答えを見つけるには、問いの中にある言葉と同じ言葉を手がかりにさせましょう。**

私のやり方 2 文末に注意させる

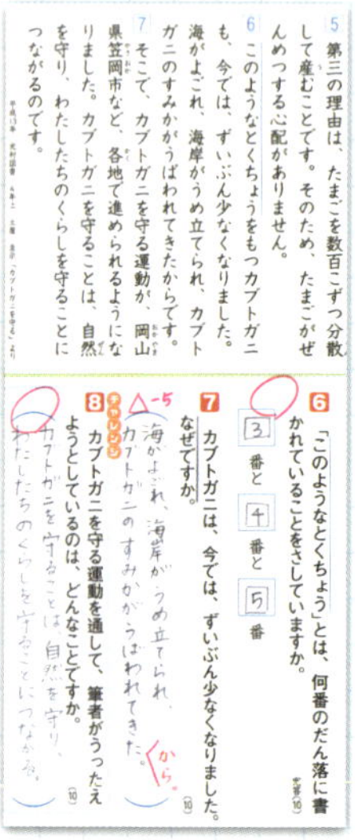

理由を問われた場合は「〜だから。」、どんなことかを問われたら「〜こと。」というように、**文末を意識させます。**答えを自分で記述する問題にもしっかりと対応できる力をつけさせましょう。

私のやり方 3 答え方を意識させる

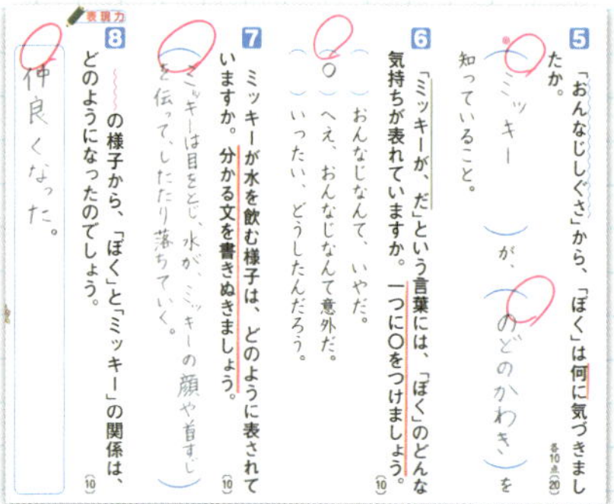

「書き抜きなさい。」「一文を答えなさい。」など、国語のテストには様々な問われ方があります。**問題文の問いに赤で線を引かせて、答え方を意識させます。**日頃の授業の中でも練習し、慣れさせておきましょう。

私のやり方 4 漢字はドリルで再確認

間違えた漢字は、正しい字形や読み方をもう一度ドリルで確認させましょう。テスト用紙やノートなどに、何回か書いて覚えさせるのも効果的です。また、間違いの多かった漢字は、クラス全体で再確認しましょう。

テスト実施後❷

テスト直しのポイント（算数）

何を問われているかはっきりさせよう

私のやり方❶ 問われていることを明確にする

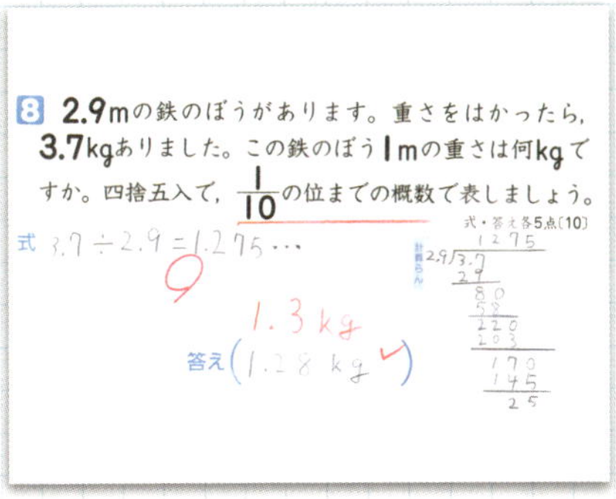

8 2.9mの鉄のぼうがあります。重さをはかったら，3.7kgありました。この鉄のぼう1mの重さは何kgですか。四捨五入で，$\frac{1}{10}$の位までの概数で表しましょう。

式・答え各5点〔10〕

式 3.7÷2.9＝1.275…

1.3kg

答え（1.28kg）

計算らん

問題文の問われているところを明らかにするために、赤で線を引かせます。同じわり算の問題でも余りを出すのか、概数にするのかなど、答え方が異なる場合があります。

私のやり方❷ 立式の根拠を意識させる

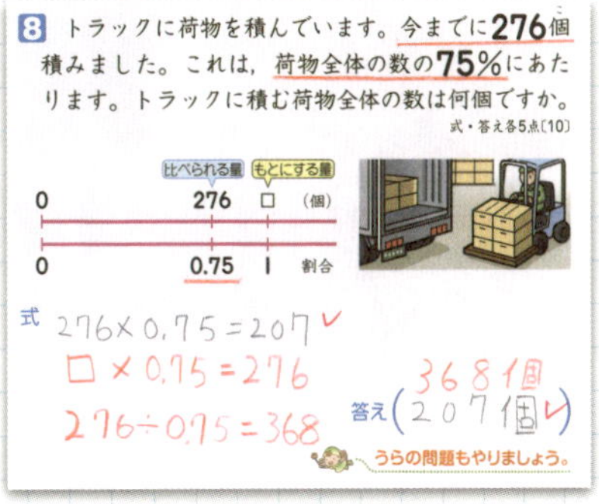

8 トラックに荷物を積んでいます。今までに276個積みました。これは，荷物全体の数の75%にあたります。トラックに積む荷物全体の数は何個ですか。

式・答え各5点〔10〕

比べられる量　もとにする量

0　276　□（個）

0　0.75　1　割合

式 276×0.75＝207

□×0.75＝276

276÷0.75＝368

368個

答え（207個）

うらの問題もやりましょう。

分かっていることと問われていることを明らかにさせます。文章問題も、構造が分かれば解きやすくなることを繰り返し指導しましょう。

私のやり方❸ 式の結果と答えは違う

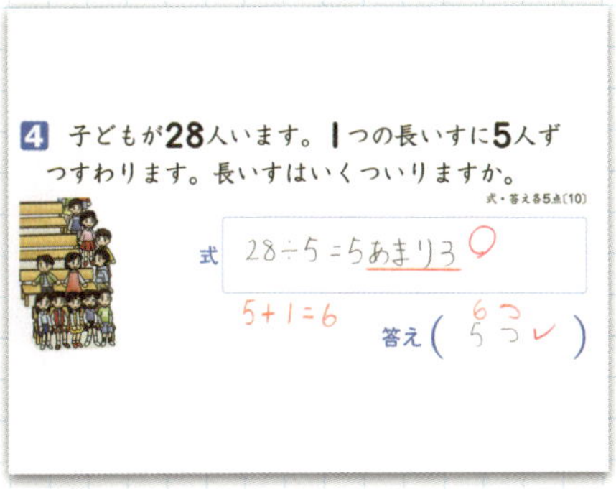

4 子どもが28人います。1つの長いすに5人ずつすわります。長いすはいくついりますか。

式・答え各5点〔10〕

式 28÷5＝5あまり3

5＋1＝6

6つ

答え（5つ）

式は「＝」の前だけでも成り立ちます。しかし、きちんと計算の結果まで書かせるように指導をします。計算の結果と問題の答えが異なる場合があるからです。

私のやり方❹ 答えにはしっかりと単位をつける

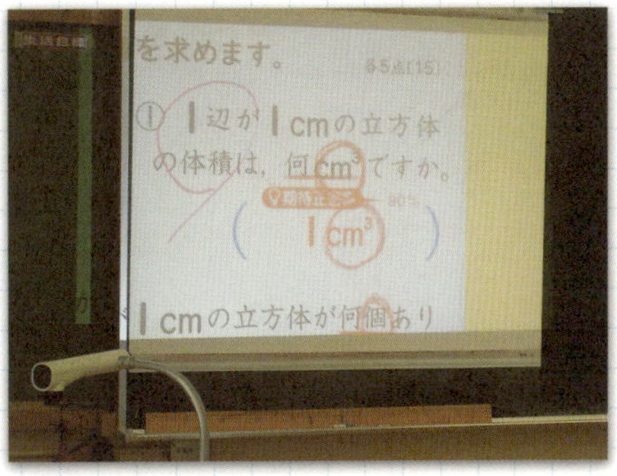

算数では、式には単位をつけません。しかし、答えにはしっかりと単位をつけさせます。テストでの問いに正対した答えの書かせ方として、単位を意識できるように指導していきましょう。

テスト実施後③

<見なおしシート>の活用

<見なおしシート>を活用して確実に習得させよう

私のやり方❶ テスト直後が効果的

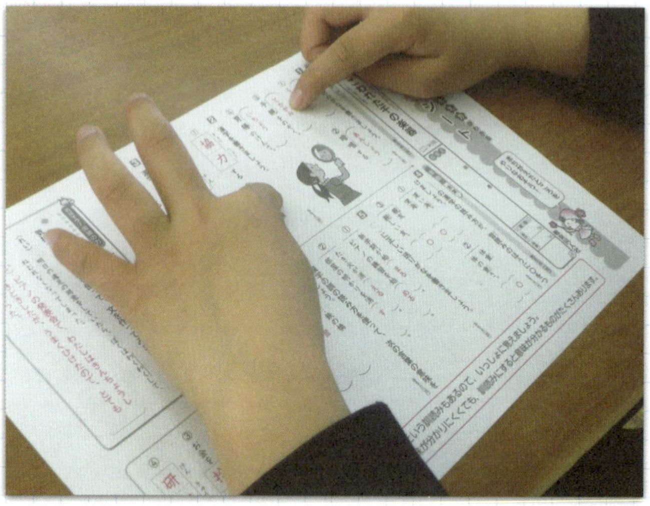

テストを回収した直後に、<見なおしシート>を配布し、子供たちに振り返らせます。**テストが終わった直後は、子供たちにとって最も答えが知りたいとき**ですので、<見なおしシート>の解答例や解説を熱心に読む子供が多いです。

私のやり方❷ 解説を活用する

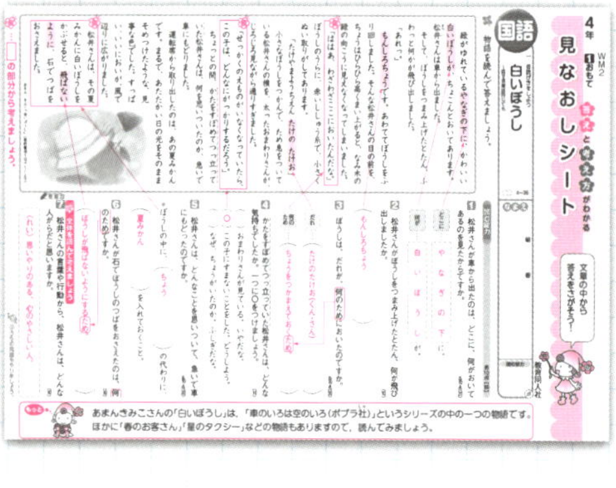

<見なおしシート>には解答だけでなく、考え方や答えの求め方が分かる解説が記載されています。**答えを導いた過程が正しかったかどうか、どのように考えればよかったか**など、自分の取り組みを振り返る教材として活用させましょう。

私のやり方❸ 全体指導に生かす

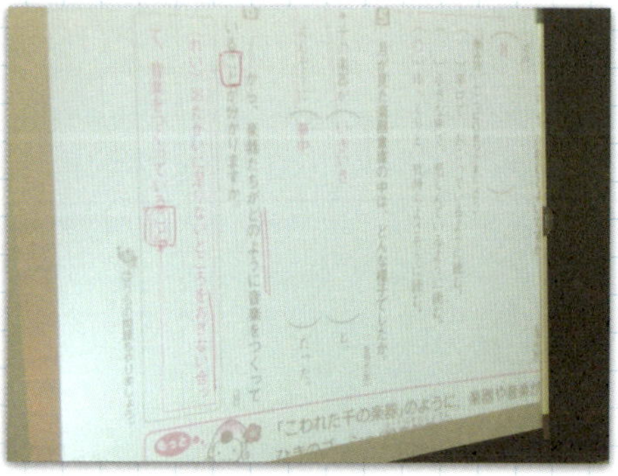

つまずきの多い問題や、もう一度確実におさえておきたい問題などがあれば、**テスト直後に、<見なおしシート>を実物投影機等で拡大提示するなどして、一斉に指導をしましょう。**

テスト実施後④

テスト直し後

確実に直して家に持ち帰らせよう

私のやり方① 直したところは青で丸つけ

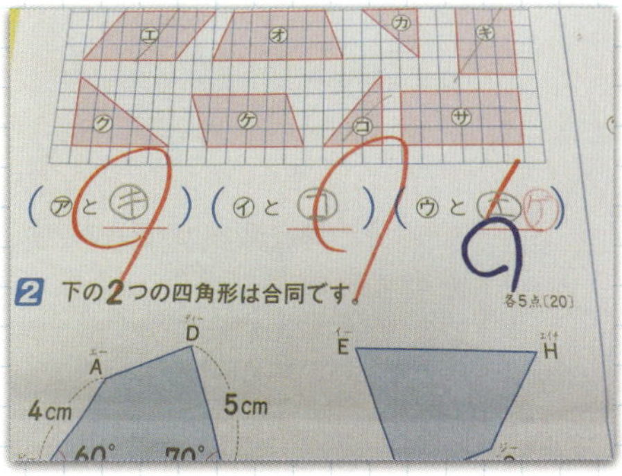

子供が赤で直した部分は、青で丸をつけましょう。**青で丸をつけることで、教師が確実に見て指導したことが保護者に伝わります。**

私のやり方② テストは直して満点に

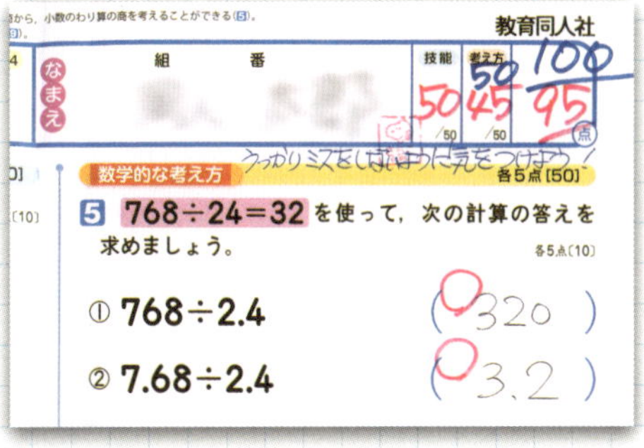

テスト直しの後、直したテストはもう一度集めて丸をつけます。直しが不十分なときは指導をして**満点になるまで直しをさせましょう。**

私のやり方③ ファイルに綴じて保管

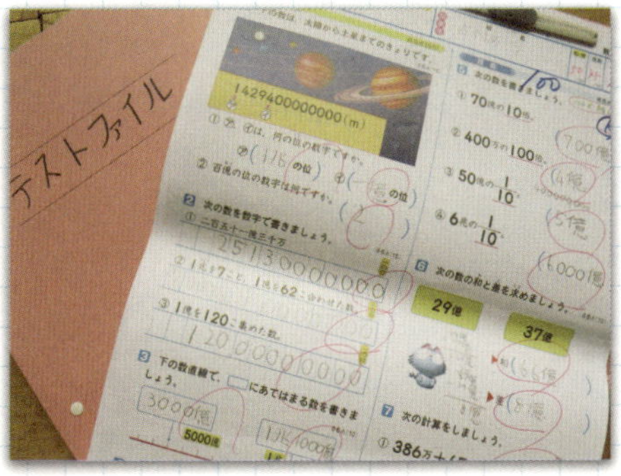

確認印を押してもらったワークテストは、教科ごとにファイルに綴じこんで保管してもらいます。子供の苦手な部分を時間が経ってからでも振り返ることができ、学年末のまとめ時期などにも役立ててもらえます。

保護者にも分かるようにしておくことが大切なのね！

テスト実施後 5

テスト直しをさせるとき

テスト直しまでを計画的に行うようにしよう

私のやり方 1 単元の指導計画の中に組み込む

3	社 あたたかい地方のくらし 沖縄の気候の特徴と家の工夫を知る。	国 漢文に親しむ 「春暁」の詩を視写し、読み方と意味を知る。	国（専） 書写 「道」 ↓	算 合同な図形 合同な三角形の条件を理解し作図する。	社 ワークテスト あたたかい地方のくらし ↓ 新聞づくり
4	音（専） 音の重なりを感じよう	算 ワークテスト直し ・合同な図形 合同な三角形を見つける。		体 リレー バトンパスの仕方を練習し、チームで協力する。	国 漢文に親しむ 「論語」「大学」の一節を選び暗唱する。
5	算 ワークテスト 「小数のかけ算」	理 メダカの成長 雄とめすの見分け方を理解する。		社 あたたかい地方のくらし 沖縄の気候をいかした産業について調べる。	道 精いっぱい生きる 3-(1) 限りある命を大切にし、精一杯生きようとする心情を養う。

単元の指導計画の中にテスト直しの時間を組み込みます。**小単元と合わせたり、発展問題と合わせたりすることもあります。**週案にも明記すると、答え合わせの時間を上手に確保することができます。

私のやり方 2 次単元の初め10分に組み込む

次単元の初め10分を活用します。丸つけをして、間違いが多かったところやテストの答え方として確実に身に付けさせたい内容などを選び、テスト直しをします。残りは、各自で直します。

私のやり方 3 朝の時間を活用する

朝の時間を活用し、まずは各自でテスト直しをさせるようにします。一通り各自で直しが終わった後に、全体で必要に応じてテスト直しをします。

番外編

アイディア次第で便利に活用

いろいろな使い方ができます

私のやり方① テストの入っていた袋 ～道徳の掲示物入れ～

テストが入っていた袋、**「大きめ」「2方向があいている」「文夫なのに薄い素材」「ちょっとすける」など、よさがたくさん。**道徳で使う提示用資料を入れるのにぴったり。教材を入れたら、表には、覚書を書いておけるのもポイントです。ほかの教材でも活用できます。

私のやり方② プレテストが入っていた袋 ～連絡袋代わりに～

プレテストの入っていた袋。欠席児童へのお手紙を入れるのに、ちょうどよいサイズです。**紙でできた袋なので、メモを書くこともできます。**授業で使うために小さく切った教具などを入れておくと、子供からは見えずに準備をしておくことができます。

私のやり方③ テストの入っていた箱 ～水筒をまとめておく～

教材が入っていた箱には、しっかりしたタイプの物もあります。暑い時期に持参する水筒をばらばらにならないようにまとめておくと、見た目もよく、体育で校庭に出るときにはまとめて持って行くことができます。

私のやり方④ ドリルの入っていた箱 ～提出物入れに活用～

教材が入っていた箱には様々なサイズがあります。ドリルが並んではいっていた箱は、B4よりちょっと大きめ。ノートを開いて出すためにちょうど良いサイズです。**箱の横に、何を出す箱なのか書いておくと分かりやすくなり、提出物チェックの効率アップ！**

コラム

学校教材活用指導法研究会　実践レポート②

「成績管理は専用ソフトで」

狩野絹子先生
静岡県
静岡市立服織小学校

成績管理は専用ソフトで

今まではテストが終わったら、名簿に記入したテストの点数を電卓で計算していました。しかし、忙しい学期末に30数名分のすべてのテストを計算し、正しいかどうか何回も確かめることは、大変な作業でした。そこで少しでも成績事務を手際よくしたいと思って、テストについていた「はなまるDVD」を使ってみることにしました。

一番心配だったのは設定です。でもインストールしてみると、そんな不安はなくなりました。ログイン画面から「はなまるサポート」にアクセスできるようになっていたからです。それをクリックすると説明とともに入力前と入力後の画面が表示されていましたし、エクセルで作った児童名簿を貼り付けるだけで児童の設定ができたので、私でも簡単に登録することができました。

点数を成績管理ソフトに入力するだけ

学年当初に初期設定をしておけば、後はテストが終わったら点数を入力するだけです。私はソフトキーボードを使って入力していますが、直接数字を入力したり、点数をエクセルに入力していればその記録を貼り付けたりすることもできます。また、自作テストの点数を入力したり、言語観点の表示方法やテストの比重を変えたりできるので、私はミニテストや自作テストを行った場合には、必ず入力するようにしています。このように評価方法に合わせてカスタマイズできるところが気に入っています。しかも、単元ごとのノートの採点など関心意欲も入力できるので、成績をこのソフト一つで管理できて便利でした。

学習到達度をグラフにして保護者に伝える

成績事務を手際よくしようとして使い始めた「はなまるDVD」ですが、保護者面談でも役立っています。本校は2学期制なので通知表を渡すのは10月です。しかし保護者面談は7月末に行われます。そのため、今までは面談の際にはっきりとした資料がなく、保護者に伝えたいことがしっかり伝わっているのか不安がありました。しかし、「はなまるDVD」の面談用診断シートを見せながら話をすると、多くの保護者がそのシートを食い入るように見ていました。そして、面談で伝えた「夏休みに取り組んでほしいこと」を実行してくれた家庭が多かったです。このシートは、私が伝えたいことをわかりやすく伝えるだけでなく、保護者の受け止め方を変えているように感じます。それは到達度が図で表され、クラス平均も表示されていて、わかりやすいからだと思います。

大幅な時間短縮で精神的にも余裕が

テストの点数を入力するだけで、すぐに到達度やクラス平均がわかり、成績をつけたり分析したりしやすくなりました。面談用資料もすぐにできるので、「はなまるDVD」を使い始めてから時間的にも精神的にも余裕が生まれてきました。教師の仕事が多忙化している中、テストに無料でついている「はなまるDVD」は、使いやすさにおいても内容においても教師の大きな味方です。これからもこのソフトを効果的に使っていきたいと思います。

出典 「学校教材はこう使おう！ ベテラン先生に学ぶ、学校教材活用法」フリーマガジン『WUTAN24』（NPO法人全国初等教育研究会発行 2013年11月）

第4章

そうだったんだ!

学校教材の秘密 ～ワークテスト編～

1 ワークテスト 徹底解剖

ワークテストの構成

★教科書1単元につき1枚で構成

ワークテストは、原則として教科書1単元につき1枚で構成しています。
学習指導の成果の把握や、学習上のつまずきの診断に役立つよう、問題を吟味、精選して出題しています。
単元ごとの目標達成度を確認し、指導上の改善点を見つけるための客観的資料のひとつとして、ワークテストを活用することができます。

1単元1枚構成

単元ごとのワークテストに加え、学期末や学年末に総括的な評価をするための「期末（学年末）テスト」もあります。

学期末のまとめ

※各教科、学期末と学年末の<まとめテスト>があります。

★評価規準に基づいた設問

実際の評価をするには、学習指導要領に示された各教科の目標を観点別・領域別に分析し、単元の学習内容に即して、具体化、細分化した、評価のための様々な材料が必要になります。「評価規準」は、指導内容に基づき、その具体的目標を明確にしたものです。ワークテストは「評価規準」に基づいた問題を出題しています。

★観点別の構成

指導要録には、各教科の学習の記録を観点別に記載します。ワークテストはその点を考慮して、問題を観点別に出題しています。
採点処理がしやすいように【素点は5点（または10点）】、【1観点50点（または100点）】で構成しています。

観点別構成

算数テスト(教師用書の裏表紙)

新観点対応 算数テストの構成

教育同人社

A 5年

※Bテストには「学期のまとめ，学年のまとめ」は付きません。

学期	月	回数	単元名（配当時数）		観点／配点	
			5年生の			
1学期	4	1	1．数のしくみを調べよう（4時間）	表	知・理	50
					技能	50
	5	2	2．直方体や立方体のかさの表し方を考えよう（11時間）	表	知・理	50
					技能	50
				裏	考え方	50
		3	3．小数のかけ算を考えよう（11時間）	表	技能	50
					考え方	50
				裏	知・理	50
	6	4	4．小数のわり算を考えよう（13時間）	表	技能	50
					考え方	50
				裏	知・理	50
					関・意・態	
	7	5	5．形も大きさも同じ図形を調べよう（8時間）	表	知・理	50
					技能	50
				裏	考え方	50
		I	1学期のまとめ		知・理	50

学習目標（めあて）	計算スパイラルシート対応
100分の1にした数を求めること，小数を作ることが	
の関係，体積の単位の関係がわかる。	
を求めることができる。	
体積を求める問題の解決過程を図や式に表して考えるこ	
記法則を使って計算することができる。	計算スパイラルシート
きる。	
乗数と積の大小関係がわかる。	
きる。	計算スパイラルシート
乗数と商の大小関係がわかる。	
今後の学習に役立てる。	
系，対角線で分けてできる合同な三角形がわかる。	
とができる。	
できる三角形を考えて問題を解くことができる。	
囲：1．数のしくみを調べよう～4．小数のわり算を考えよう]	
約数，公約数，最大公約数，素数がわかる。	
解くことができる。	
数を求めることができる。	
比べ方がわかる。	
を解くことができる。	
小数の関係がわかる。	計算スパイラルシート
表すこと，分数と小数の大小比較ができる。	
る。	
とができる。	
た，分数の大小，分数を使った時間の表し方がわかる。	計算スパイラルシート
数，小数の混じった計算ができる。	
を使って問題を解くことができる。	
今後の学習に役立てる。	

学期	月	回数	単元名（配当時数）		観点／配点		学習目標（めあて）	計算スパイラルシート対応
2学期	12	11	11．面積の求め方を考えよう（13時間）	表	知・理	50	・三角形，平行四辺形，台形の面積の求め方や底辺と高さの関係，面積を求める公式がわかる。	
					技能	50	・三角形，平行四辺形，台形，ひし形の面積を求めることができる。	
				裏	考え方	50	・図形の底辺や高さと面積の関係を考えて問題を解くこと，三角形の面積が等しくなるわけを説明することができる。	
		II	2学期のまとめ		知・理 50　技能 50　考え方 50		[出題範囲：6．整数をなかま分けしよう～10．分数をもっと知ろう]	
3学期	1	12	12．比べ方を考えよう(2)（12時間）	表	知・理	50	・割合の意味や求め方，割合を表す小数と百分率の関係，帯グラフの読み方がわかる。	
					考え方	50	・割合，比べられる量，もとにする量を求める問題を解くことができる。	
				裏	技能	50	・百分率を求めて，帯グラフや円グラフをかくことができる。	
	2	13	13．多角形と円をくわしく調べよう（10時間）	表	知・理	50	・正多角形の性質やかき方，円の直径と円周の関係がわかる。	
					技能	50	・正多角形をかくこと，円周や図形の周りの長さを求めたり比べたりすることができる。	
				裏	考え方	50	・円周の長さを求める式を使って問題を解くこと，正多角形の性質について説明することができる。	
	3	14	14．分数のかけ算とわり算を考えよう（6時間）	表	技能	50	・分数×整数，分数÷整数の計算ができる。	計算スパイラルシート
					考え方	50	・分数×整数，分数÷整数の計算を使って問題を解くことができる。	
				裏	知・理	50	・分数×整数，分数÷整数の計算のしかたがわかる。	
					関・意・態		・算数の学習に関する態度を自己評価し，今後の学習に役立てる。	
		15	15．立体をくわしく調べよう（5時間）	表	知・理	50	・角柱や円柱のしくみや性質がわかる。	
					技能	50	・展開図から角柱の構成をとらえること，角柱や円柱の見取図や展開図をかくことができる。	
		末	学年のまとめ		知・理 50　技能 50　考え方 50		[出題範囲：～14．分数のかけ算とわり算を考えよう　まで]	

観点別年間合計点（期末あり）

	考え方	技能	知・理
1学期	250	300	300
2学期	250	350	350
3学期	200	250	250
年間	700	900	900

観点別年間合計点（期末なし）

	考え方	技能	知・理
1学期	200	250	250
2学期	200	300	300
3学期	150	200	200
年間	550	750	750

2 ワークテスト 徹底解剖

ワークテストのつくり

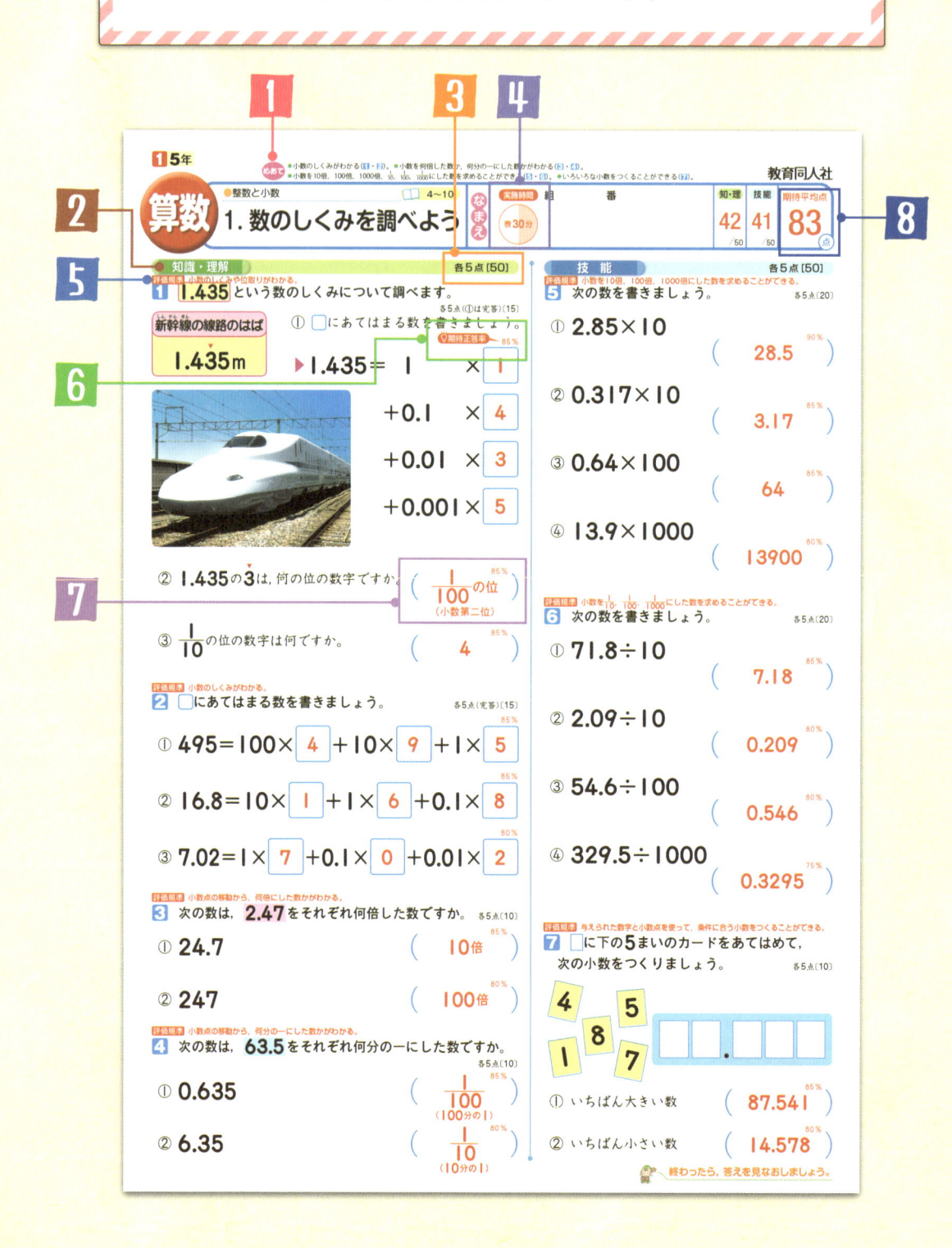

1 3 4

1 5年

めあて ●小数のしくみがわかる(1・2)。●小数を何倍した数か，何分の一にした数かがわかる(3・4)。
●小数を10倍，100倍，1000倍，$\frac{1}{10}$，$\frac{1}{100}$，$\frac{1}{1000}$にした数を求めることができる(5・6)。●いろいろな小数をつくることができる(7)。

教育同人社

2 算数 ●整数と小数 4～10

1. 数のしくみを調べよう

なまえ 実施時間 標30分 組 番

知・理	技能	期待平均点
42 /50	41 /50	83 点

8

知識・理解 各5点［50］

5 評価規準 小数のしくみや位取りがわかる。

1 1.435 という数のしくみについて調べます。 各5点（①は完答）〔15〕

新幹線《しんかんせん》の線路のはば 1.435m

① □にあてはまる数を書きましょう。 6 期待正答率 85％

▶1.435＝ 1 ×［1］
+0.1 ×［4］
+0.01 ×［3］
+0.001 ×［5］

② 1.435の3は，何の位の数字ですか。 7 （$\frac{1}{100}$の位（小数第二位）） 85％

③ $\frac{1}{10}$の位の数字は何ですか。 （4） 85％

評価規準 小数のしくみがわかる。

2 □にあてはまる数を書きましょう。 各5点（完答）〔15〕

① 495＝100×［4］+10×［9］+1×［5］ 85％

② 16.8＝10×［1］+1×［6］+0.1×［8］ 85％

③ 7.02＝1×［7］+0.1×［0］+0.01×［2］ 80％

評価規準 小数点の移動から，何倍にした数かがわかる。

3 次の数は，2.47をそれぞれ何倍した数ですか。 各5点〔10〕

① 24.7 （10倍） 85％

② 247 （100倍） 80％

評価規準 小数点の移動から，何分の一にした数かがわかる。

4 次の数は，63.5をそれぞれ何分の一にした数ですか。 各5点〔10〕

① 0.635 （$\frac{1}{100}$（100分の1）） 85％

② 6.35 （$\frac{1}{10}$（10分の1）） 80％

技能 各5点［50］

評価規準 小数を10倍，100倍，1000倍にした数を求めることができる。

5 次の数を書きましょう。 各5点〔20〕

① 2.85×10 （28.5） 90％

② 0.317×10 （3.17） 85％

③ 0.64×100 （64） 85％

④ 13.9×1000 （13900） 80％

評価規準 小数を$\frac{1}{10}$，$\frac{1}{100}$，$\frac{1}{1000}$にした数を求めることができる。

6 次の数を書きましょう。 各5点〔20〕

① 71.8÷10 （7.18） 85％

② 2.09÷10 （0.209） 80％

③ 54.6÷100 （0.546） 80％

④ 329.5÷1000 （0.3295） 75％

評価規準 与えられた数字と小数点を使って，条件に合う小数をつくることができる。

7 □に下の5まいのカードをあてはめて，次の小数をつくりましょう。 各5点〔10〕

4 5 8 1 7　□□.□□□

① いちばん大きい数 （87.541） 85％

② いちばん小さい数 （14.578） 80％

終わったら，答えを見なおしましょう。

1	めあて	単元の到達目標です。子供にも分かりやすい文章で書いています。
2	観点	どの教科も観点別に出題しています。
3	配点	採点処理が短時間でできるように、素点を5点または10点に統一しています。
4	実施時間	テストの実施時間の目安です。
5	評価規準	指導内容に基づき、その具体的目標を明確にしたものです。
6	期待正答率	正答率の調査から算出された数字を、問題ごとに示しています。
7	別解	子供の答え方に幅のある問題には、(　)内などに、「別解」「許容範囲」を示しています。
8	期待平均点	正答率を勘案した、期待値としての平均点です。

★言語事項の表示〔国語テストの裏ページ〕

・言語事項は、「漢字」と「言葉」に分けて集計できるように、【上段：漢字50点】、【下段：言葉50点】で構成しています。
※通知表の項目が、「漢字」と「言葉」に分かれている学校にも対応しています。

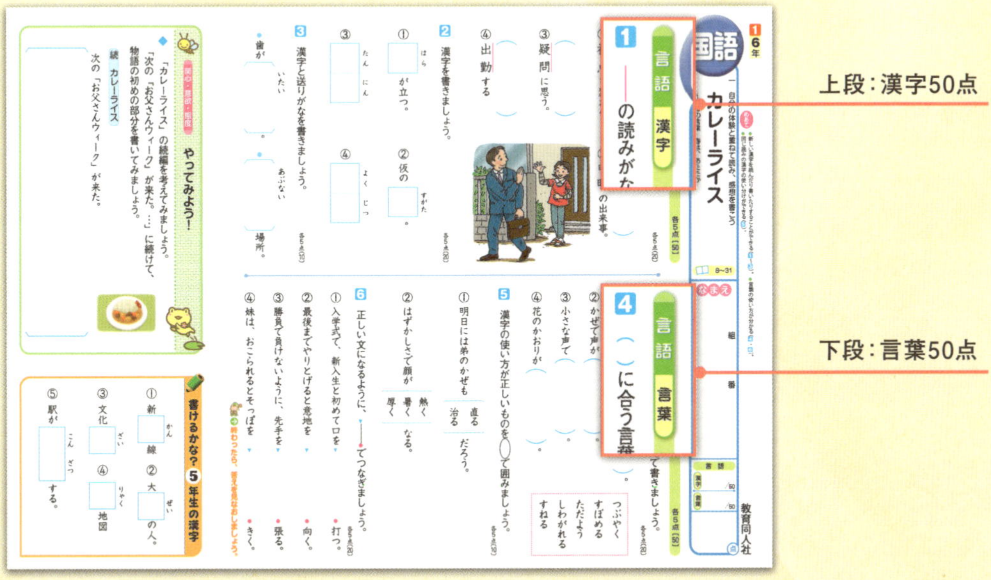

3 ワークテスト徹底解剖

指導と評価のためのワークテスト

ワークテストは、子供たちの学習の定着度を評価するための教材です。入学試験のように合否を決めるためのものではありません。「子供たちへの手立てが分かる」テストとして、また「指導上の改善点が分かる」テストとして作成しています。

★設問の工夫〔国語テスト〕

1 引用箇所の選定

・場面展開上重要なところや、作品独特の表現が見られるところ、作者の思いが表れたところなどを採り上げています。

▼2年「きつねのおきゃくさま」

2 様々な解答形式

・児童の発達段階、設問のねらいや難易度により、穴埋め式や書き抜き式、選択式、記述式などの解答形式にしています。

★設問の工夫〔算数テスト〕

1 書きやすい枠付きの計算スペース

・子供は、枠内に丁寧に書くことで、位取りなどのケアレスミスが減ります。教師は、子供が丁寧に書くことで、採点がしやすくなります。

▼4年「わり算の筆算(1)」

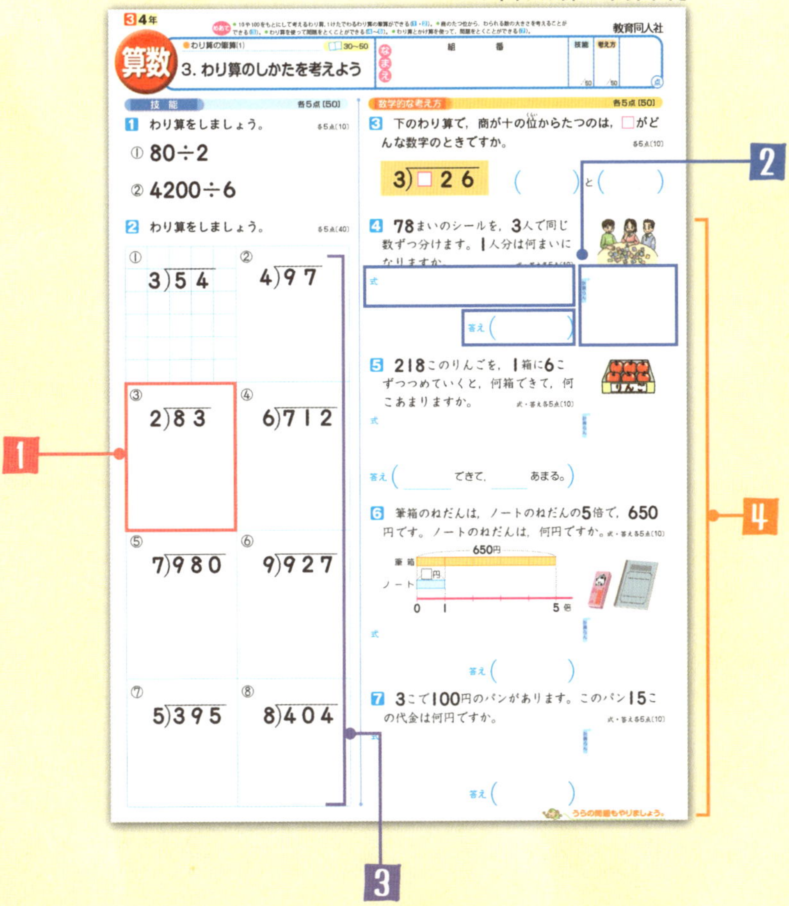

2 授業の実態に合った問題展開

・文章題では「式」「筆算」「答え」を書かせます。「筆算」を書く計算スペースは、配点対象外としていますが、計算ミスの原因や段階が分かるので、テスト実施後の的確な指導に役立ちます。

3 易から難への出題順

・教科書での学習順や、子供の取り組みやすさを考慮し、例えば「繰り上がりのない計算」→「繰り上がりのある計算」のように出題しています。

4 問題の素材

・文章題の素材を吟味し、例えばわり算の学習では「等分除と包含除」、「連続量と分離量」などバランスを考慮して出題しています。

4 ワークテスト徹底解剖

コラム

ワークテストの裏面には、コラムやチャレンジ問題、「関心・意欲・態度」をみる問題を載せています。いずれも子供の興味・関心を喚起し、楽しく取り組める内容で構成しています。

【国語】「広げよう！言葉の世界」

・自分の言葉で表現させる、自分の考えを書かせる、など「関心・意欲・態度」の評価の資料となる問題を扱っています。
・前学年の漢字の確認問題や、教科書と同じ作者の他の作品紹介なども掲載しています。

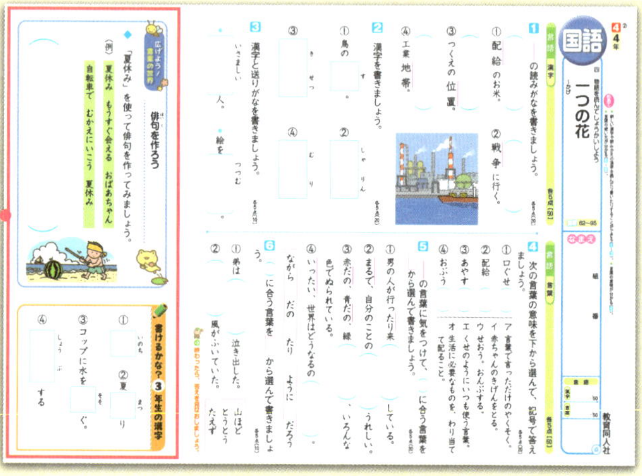

【算数】「チャレンジ算数」

・楽しみながら発展問題にチャレンジさせることで、考える力を伸ばし、学習内容の理解を深めます。
・「関心・意欲・態度」の問題では、算数の学習に関する態度を自己評価し、以後の学習に役立てる内容を扱っています。

【理科】「生活にいかす理科」

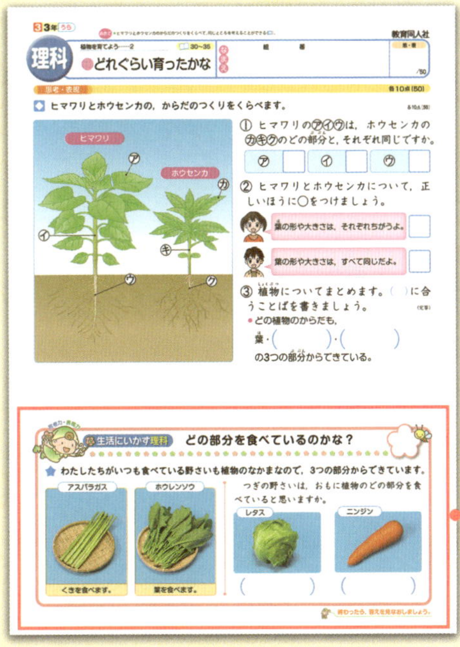
3 3年 うら

教育同人社

理科 植物を育てよう……2 30〜35

どれぐらい育ったかな

なまえ 組 番

/50

思考・表現 各10点(50)

◇ ヒマワリとホウセンカの，からだのつくりをくらべます。

① ヒマワリの㋐㋑㋒は，ホウセンカの㋕㋖㋗のどの部分《ぶぶん》と，それぞれ同じですか。

㋐		㋑		㋒	

② ヒマワリとホウセンカについて，正しいほうに○をつけましょう。

- 葉《は》の形や大きさは，それぞれちがうよ。□
- 葉の形や大きさは，すべて同じだよ。□

③ 植物《しょくぶつ》についてまとめます。（　）に合うことばを書きましょう。

・どの植物のからだも，

葉《は》・（　　）・（　　）

の3つの部分《ぶぶん》からできている。

生活にいかす理科　どの部分を食べているのかな？

★ わたしたちがいつも食べている野さいも植物のなかまなので，3つの部分からできています。

アスパラガス　くきを食べます。

ホウセンソウ　葉を食べます。

つぎの野さいは，おもに植物のどの部分を食べていると思いますか。

レタス（　　）　ニンジン（　　）

終わったら，答えを見なおしましょう。

- 身近にあるものを題材に、理科で学習したことが、生活の中でいかされていると実感させることで、学習意欲を高めます。
- 「関心・意欲・態度」の問題は、単元の学習活動を自分で振り返る内容になっています。日常の活動の観察と合わせて、評価の資料になります。

【社会】「関心・意欲・態度」

4 5年 うら

教育同人社

社会 2 わたしたちの生活と食料生産 50〜67

1 米づくりのさかんな庄内平野

なまえ 組 番

/50

思考・判断・表現 各5点(50)

1 米づくりのくふうについて，考えましょう。

(1) ｛　｝の中のあう言葉を◯で囲みましょう。

▶庄内平野のある｛関東　近畿　東北｝地方は日本の主食を生産する大切な｛消費　交通　食料｝基地となっている。

▶試験場では稲の｛価格　名前　品種｝改良や｛大規模　有機　家庭｝農業の研究をしている。

(2) 米が消費者にとどくまでの間には，生産のほかにどんな費用がかかりますか。

（　　）

2 米づくりの未来について，考えましょう。

(1) ①の資料を見て，（　）にあう言葉を□から選んで書きましょう。

▶1966年ごろから，米の（　　）が（　　）を上回り，米があまるようになった。そのため国が，米の（　　）を行った。

生産調整　輸入量　生産量　消費量　増産

(2) これからの米づくりのことで，②と③の資料にあうことを□から選んで，□に記号を書きましょう。

㋐ 水田の環境について考える。㋑ 消費量を増やす。

㋒ 生産技術を高める。㋓ 伝統的な方法でつくる。

終わったら，答えを見なおしましょう。

関心・意欲・態度　米ぶくろをつくろう！

★ あなたが米づくりの農家で，米をつくるとしたら，どんな米をつくりますか。米ぶくろをつくってせんでんしましょう。

・あきたこまち(秋田県産) 特長 もちもちとしたねばりのある食感	・こしひかり(魚沼市産) 特長 やわらかくてツヤがあり，ほどよいねばりとあまみ
・ひのひかり(福岡県産) 特長 ほどよいねばりと，かむほどににじみ出るあまみ	・きらら397(北海道産) 特長 あまみが豊かでしっかりとした食感

・あなたがつくりたい米

・米の品種名

・特長

・考えた米ぶくろ

- 身のまわりの題材を取り上げた問題で、「関心・意欲・態度」の評価の資料になります。
- 単元で習得した知識や概念を活用させることで、個々の思考力や表現力をみることができます。

5 ワークテスト
徹底解剖

テストの種類

テストは大きく分けて、次の4種類があります。児童の実態や目的に合ったテストを選べます。

A 単元テスト

単元テスト

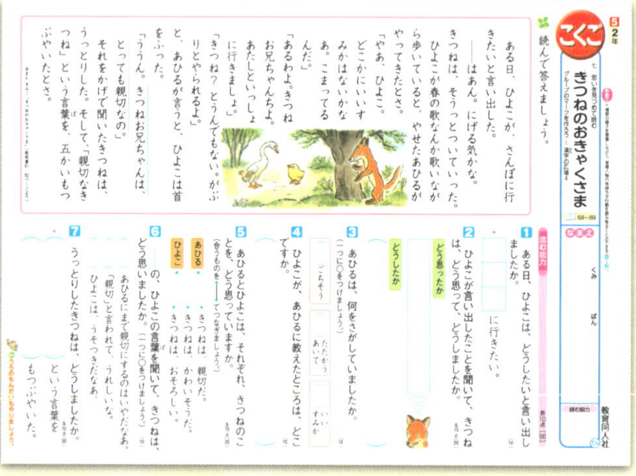
5 2年 こくご
七 思いを見つめて読む
きつねのおきゃくさま
グループのマークを作ろう ～ 漢字の広場4
68～89
読んで答えましょう。

ある日、ひよこが、さんぽに行きたいと言い出した。
――はあん。にげる気かな。
きつねは、そうっとついていった。
ひよこが春の歌なんか歌いながら歩いていると、やせたあひるがやってきたとさ。
「やあ、ひよこ。どこかにいいすみかはないかなあ。こまってるんだ。」
「あるわよ。きつねお兄ちゃんちよ。あたしといっしょに行きましょ。」
「きつね？ とうんでもない。がぶりとやられるよ。」
と、あひるが言うと、ひよこは首をふった。
「ううん。きつねお兄ちゃんは、とっても親切なの。」
それをかげで聞いたきつねは、うっとりした。そして、「親切なきつね」という言葉《ば》を、五かいもつぶやいたとさ。

1 ある日、ひよこは、どうしたいと言い出しましたか。 (10)
（　）に行きたい。
2 ひよこが言い出したことを聞いて、きつねは、どう思って、どうしましたか。 各10点(20)
どう思ったか
どうしたか
3 あひるは、何をさがしていましたか。（一つに○をつけましょう。） (10)
（　）ごちそう　（　）たたかうあいて　（　）いいすみか
4 ひよこが、あひるに教えたところは、どこですか。 (10)
5 あひるとひよこは、それぞれ、きつねのことを、どう思っていますか。（合うものを●――●でつなぎましょう。） 各10点(20)
あひる・
ひよこ・
・きつねは、親切だ。
・きつねは、かわいそうだ。
・きつねは、おそろしい。
6 ――の、ひよこの言葉《ば》を聞いて、きつねは、どう思いましたか。（一つに○をつけましょう。） (10)
（　）あひるにまで親切にするのはいやだなあ。
（　）「親切」と言われて、うれしいな。
（　）ひよこは、うそつきだなあ。
7 うっとりしたきつねは、どうしましたか。 各10点(20)
（　）という言葉を（　）もつぶやいた。
うらのもんだいもやりましょう。
読む能力　なまえ　くみ　ばん
教育同人社

■ 基礎・基本のテスト

日頃の授業をきちんと理解しているか、ドリル学習や宿題で基礎・基本を身につけているかを、そのまま評価することができます。

P 単元テスト ＋ プレテスト

単元テスト

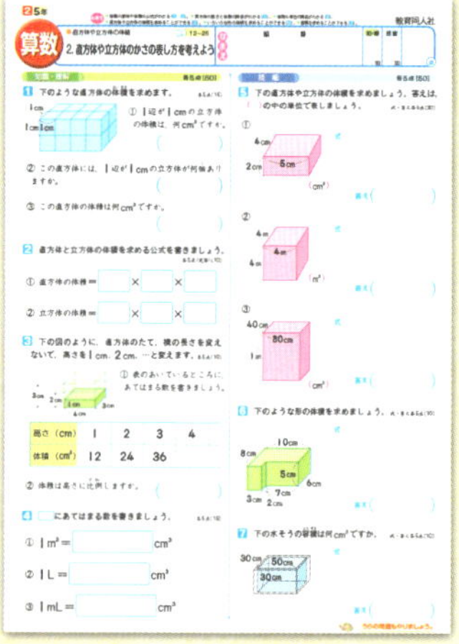
2 5年 算数
直方体や立方体の体積 12～26
2. 直方体や立方体のかさの表し方を考えよう
教育同人社
知識・理解
1 下のような直方体の体積を求めます。
① 1辺が1cmの立方体の体積は、何cm³ですか。
② この直方体には、1辺が1cmの立方体が何個ありますか。
③ この直方体の体積は何cm³ですか。
2 直方体と立方体の体積を求める公式を書きましょう。
① 直方体の体積＝□×□×□
② 立方体の体積＝□×□×□
3 下の図のように、直方体のたて、横の長さを変えないで、高さを1cm、2cm、…と変えます。
① 表のあいているところに、あてはまる数を書きましょう。

高さ（cm）	1	2	3	4
体積（cm³）	12	24	36	

② 体積は高さに比例しますか。
4 □にあてはまる数を書きましょう。
① 1m³＝□cm³
② 1L＝□cm³
③ 1mL＝□cm³
技能
5 下の直方体や立方体の体積を求めましょう。答えは、（　）の中の単位で表しましょう。
① 4cm 5cm 2cm (cm³)
② 4m 4m 4m (m³)
③ 40cm 80cm 1m (cm³)
6 下のような形の体積を求めましょう。
10cm 8cm 5cm 6cm 7cm 3cm 2cm
7 下の水そうの容積は何cm³ですか。
30cm 50cm 30cm
うらの問題もやりましょう。

プレテスト

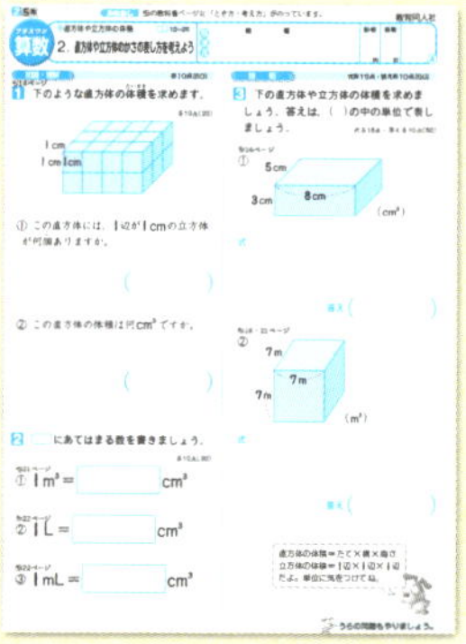
2 5年 プラスワン 算数
直方体や立方体の体積 12～26
2. 直方体や立方体のかさの表し方を考えよう
教育同人社
1 下のような直方体の体積《たいせき》を求めます。
① この直方体には、1辺が1cmの立方体が何個ありますか。
② この直方体の体積は何cm³ですか。
2 □にあてはまる数を書きましょう。
① 1m³＝□cm³
② 1L＝□cm³
③ 1mL＝□cm³
3 下の直方体や立方体の体積を求めましょう。答えは、（　）の中の単位で表しましょう。
① 5cm 8cm 3cm (cm³)
② 7m 7m 7m (m³)
直方体の体積＝たて×横×高さ
立方体の体積＝1辺×1辺×1辺
だよ。単位に気をつけてね。
うらの問題もやりましょう。

■ プレテスト付きのテスト

プレテストを実施することで、子供の学習状況が把握でき、早めの支援が可能です。

また、テストの出題形式に慣れさせることもできます。

子供に自信をもってテストに取り組ませることができます。

➔ プレテスト P.60

選べる 児童用の解答解説

見なおしシート

下の4種類のテストに、見なおしシートを付けることもできます。P.62

Z

単元テスト ＋ チャレンジシート

単元テスト

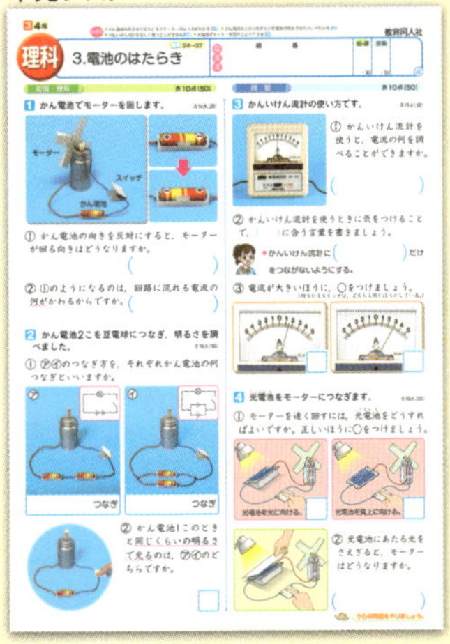

チャレンジシート

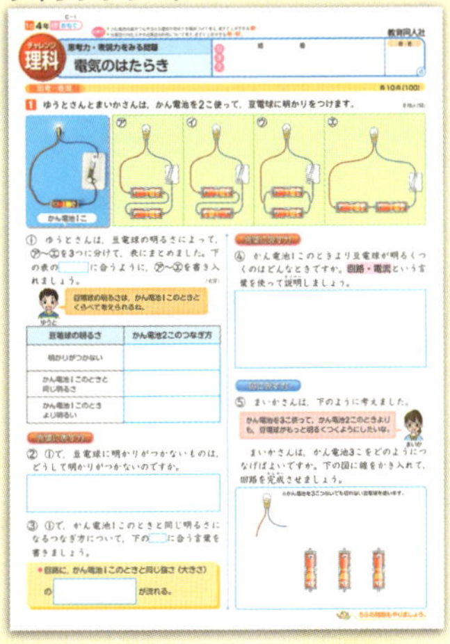

■ 思考力・表現力も評価できるテスト

基礎・基本だけでなく、思考力・表現力を評価できる<チャレンジシート>付きのテストです。国語では教科書以外の引用文を使った読解問題、算数では図や式の見方を確認する問題、理科・社会では自分の言葉で答える問題などがあります。

ZP

単元テスト ＋ プレテスト ＋ チャレンジシート

■ プレテストもチャレンジシートも付いているテスト

単元テスト

＋

プレテスト

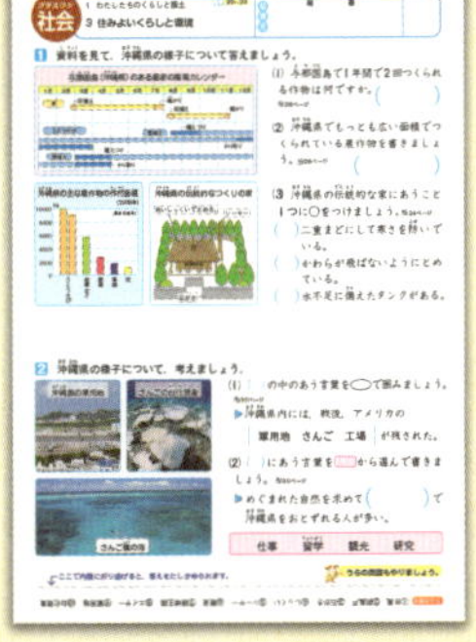

＋

チャレンジシート

6 ワークテスト 付属教材

プレテスト

テストの前に、単元内容を短時間で確認できるテストです。クラス全体の定着状況や個々のつまずきを把握し、補充指導に活かせます。事前にプレテストを実施することにより、子供も自信をもってワークテストに臨め、ケアレスミスを減らすことにもつながります。

【算数】 ワークテストと同じ観点で構成され、問題もワークテストに対応しています。

プレテスト

観点が対応

単元テスト

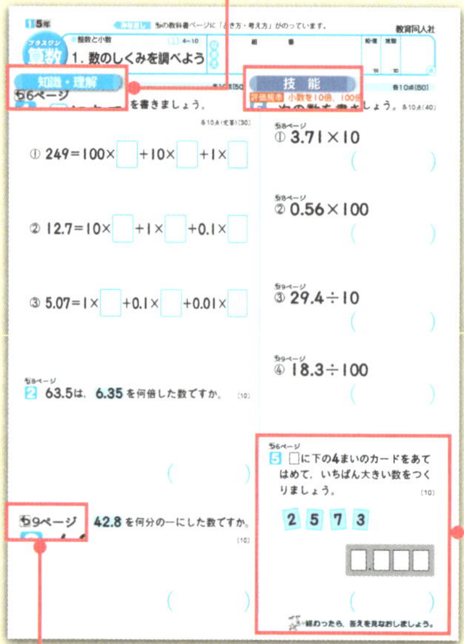

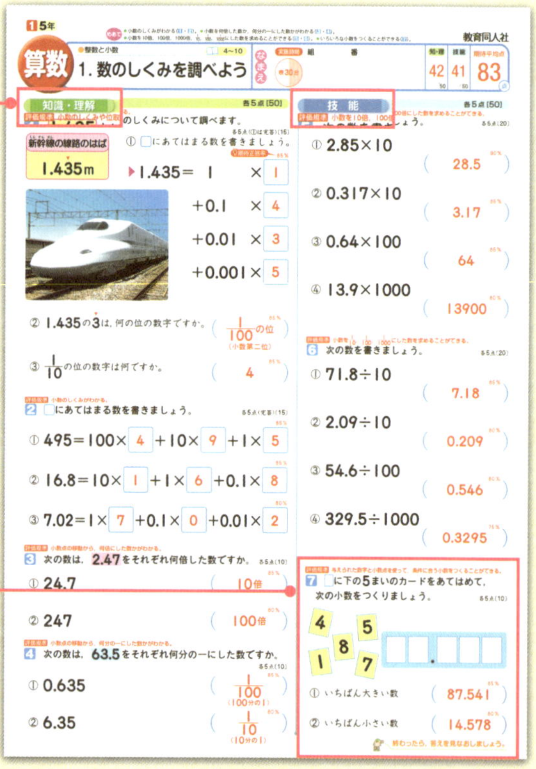

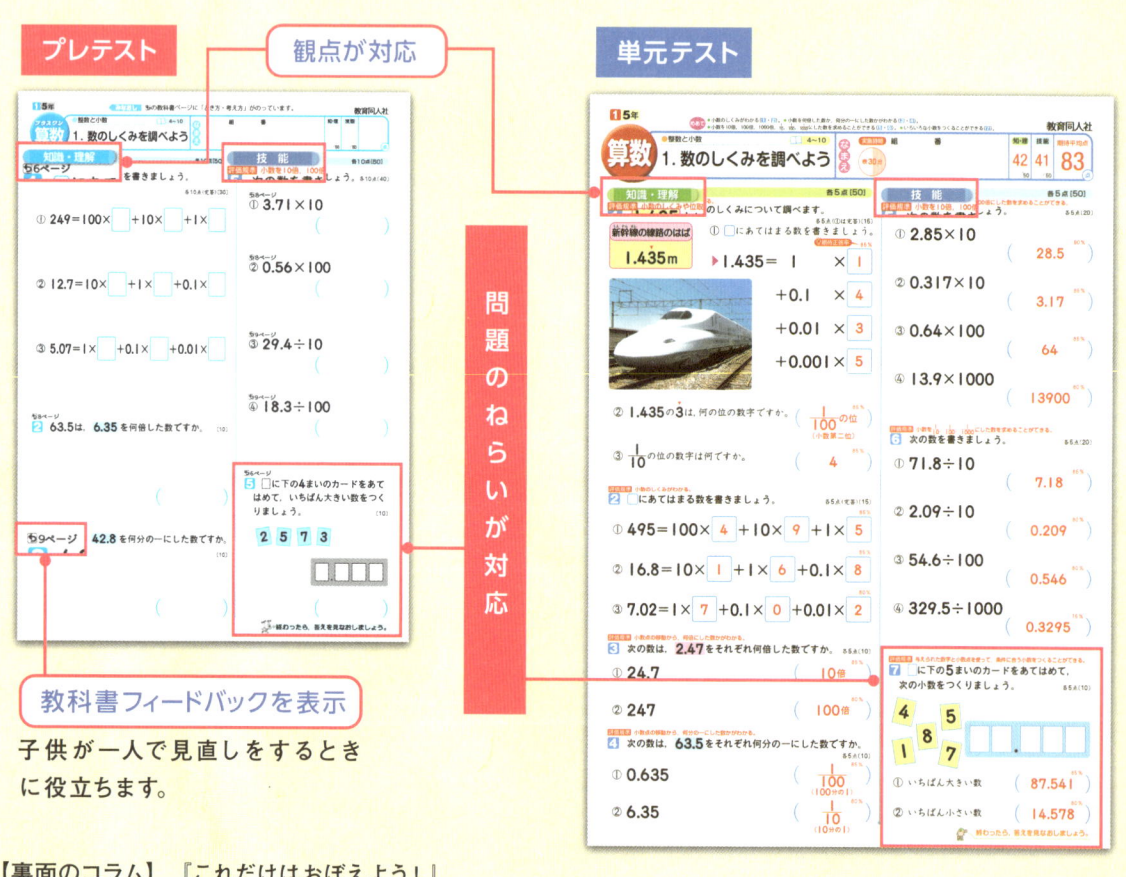

問題のねらいが対応

教科書フィードバックを表示

子供が一人で見直しをするときに役立ちます。

【裏面のコラム】 『これだけはおぼえよう!』

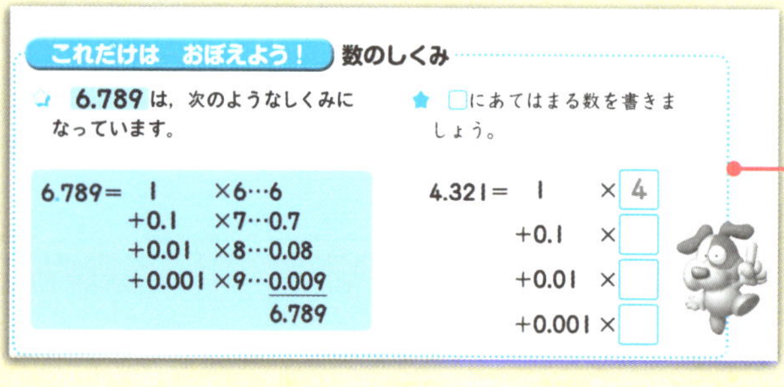

必ずおさえたい基礎・基本を取り上げています。

【国語】言語事項の定着度を確認できます。

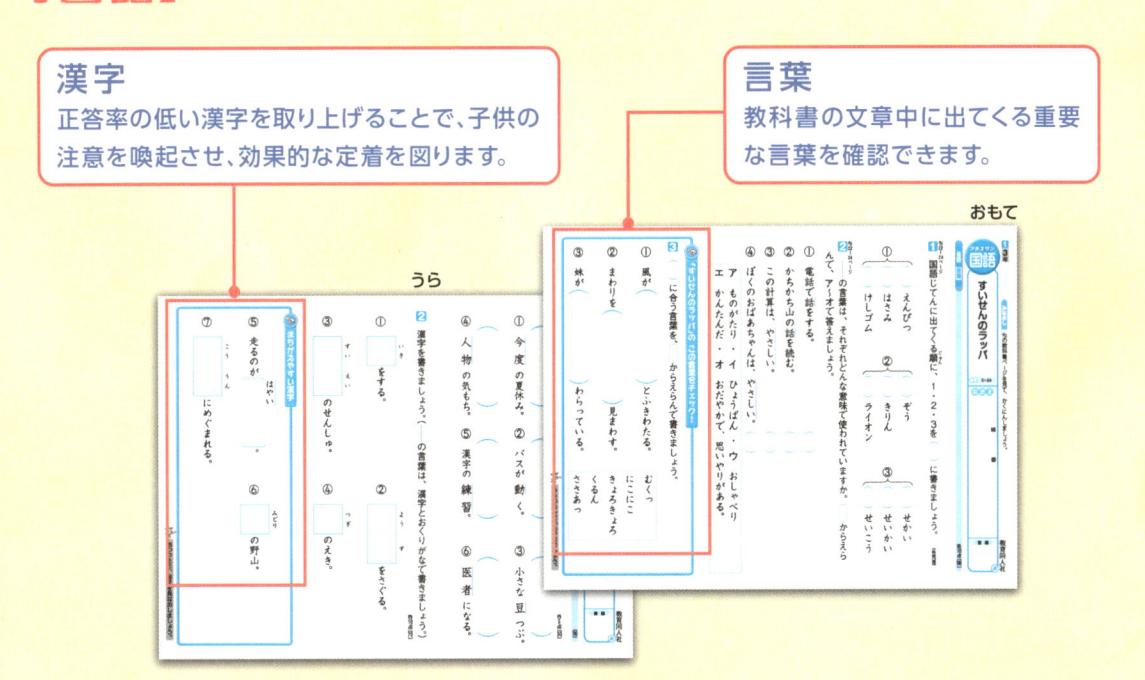

漢字
正答率の低い漢字を取り上げることで、子供の注意を喚起させ、効果的な定着を図ります。

言葉
教科書の文章中に出てくる重要な言葉を確認できます。

おもて

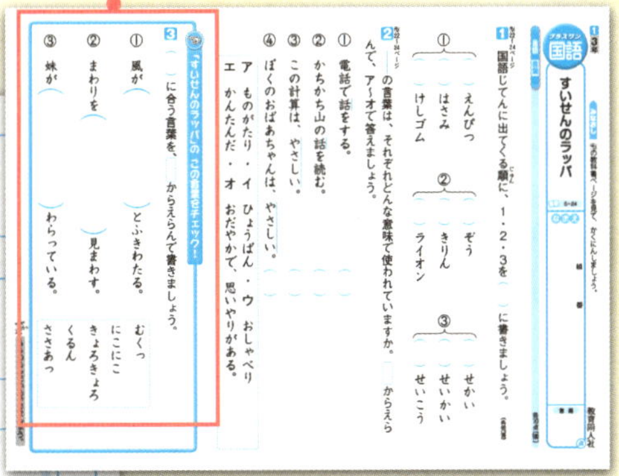

うら

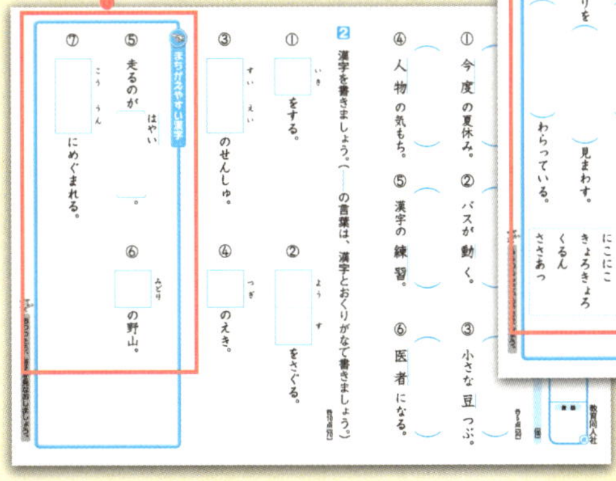

【理科】単元の重要事項を確認できます。

単元の重要事項

おもて

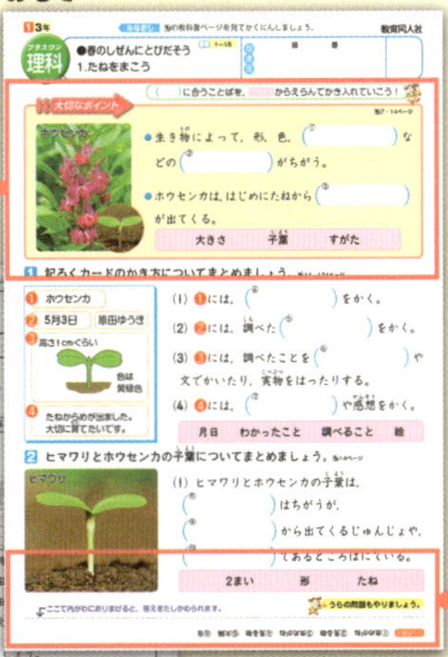

うら

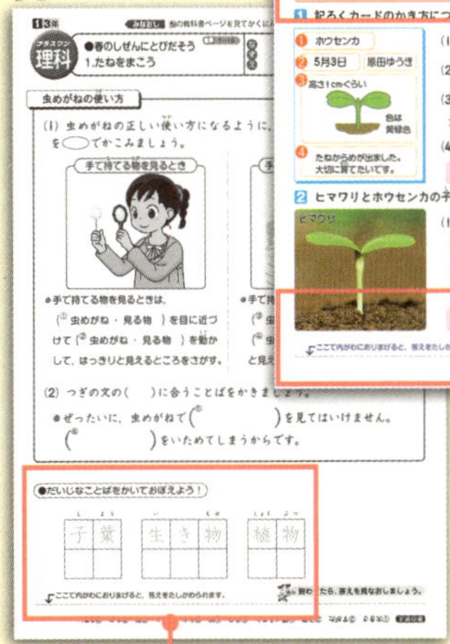

重要な理科用語を書いて覚えられます。

【社会】単元の重要事項を確認できます。

おもて

うら

裏面に答えがあり、子供が一人でも答え合わせができます。

キーワードを書くことで、重要な用語を確認できます。

7 ワークテスト 付属教材

＜見なおしシート＞（児童用の解答解説）

児童用の、縮刷解答と解説のシートです。テストと同じ表裏の紙面構成になっています。テスト実施直後や返却時に配付すると、家庭学習やテスト直しに役立ちます。

【国語】

おもて

うら

設問に対して答えのポイントとなる部分が分かるように示しています。

他の作品紹介など、読書活動を広げるコラムです。

ポイントを絞って解説しています。

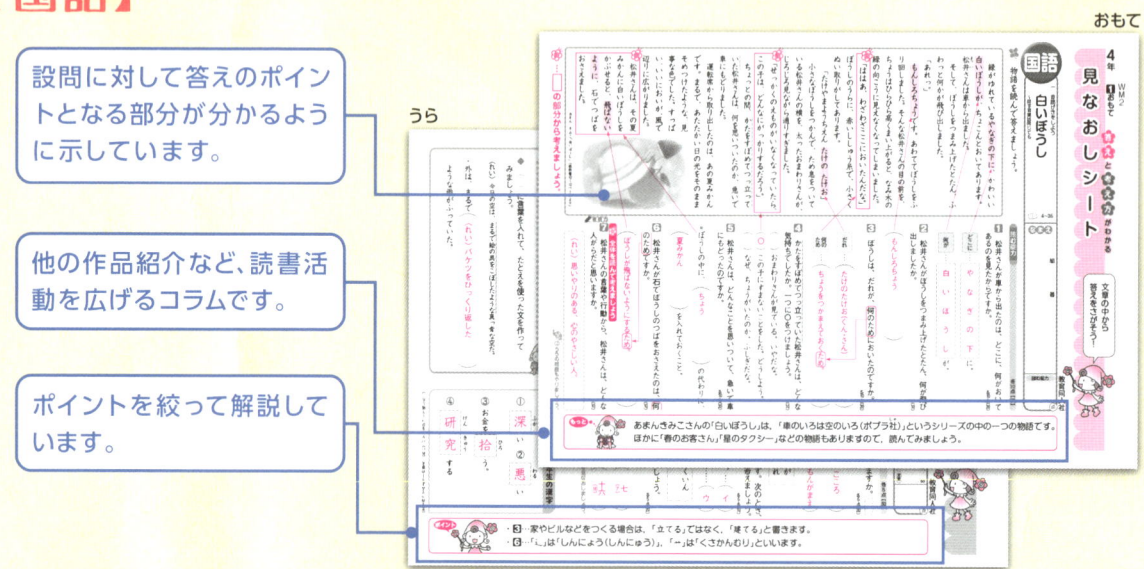

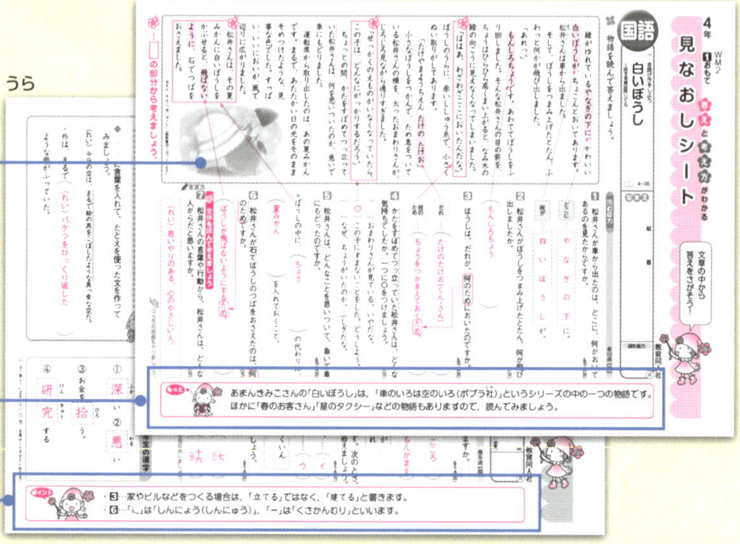

【算数】

おもて

うら

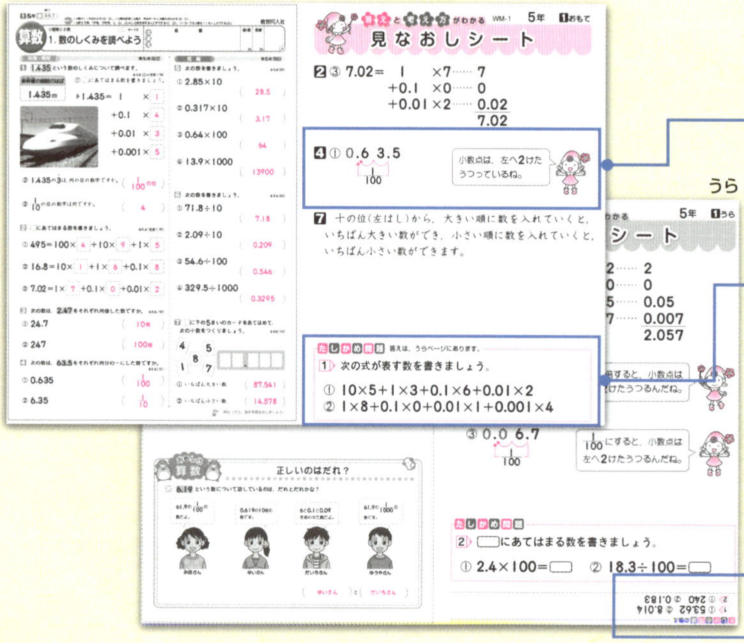

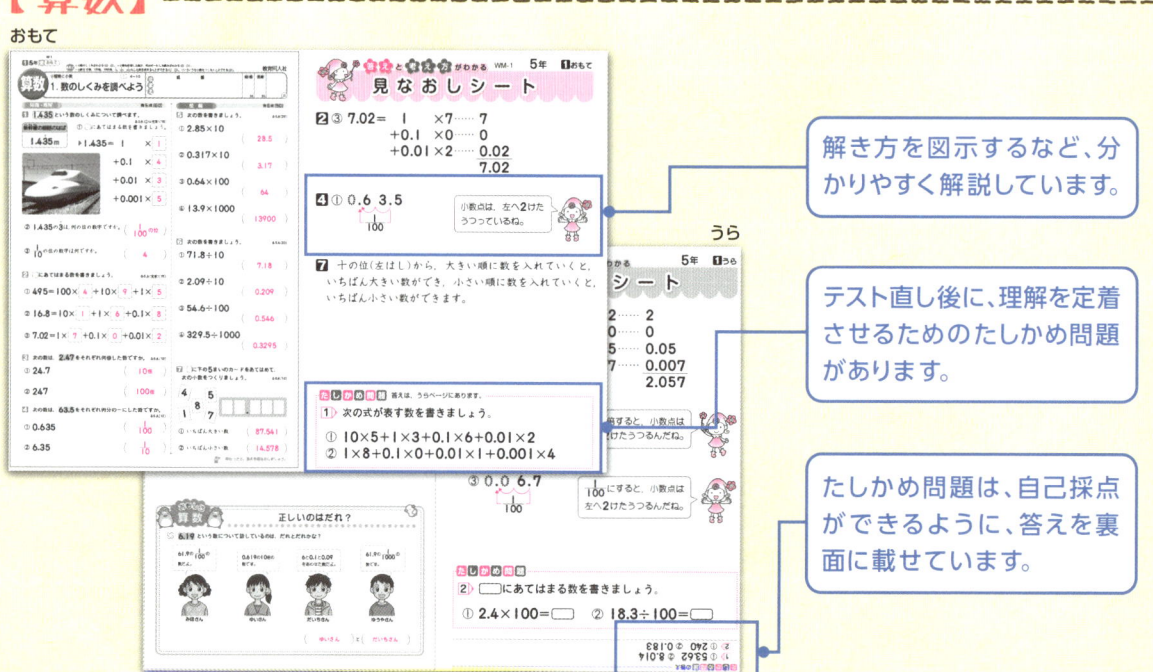

解き方を図示するなど、分かりやすく解説しています。

テスト直し後に、理解を定着させるためのたしかめ問題があります。

たしかめ問題は、自己採点ができるように、答えを裏面に載せています。

【理科】

おもて

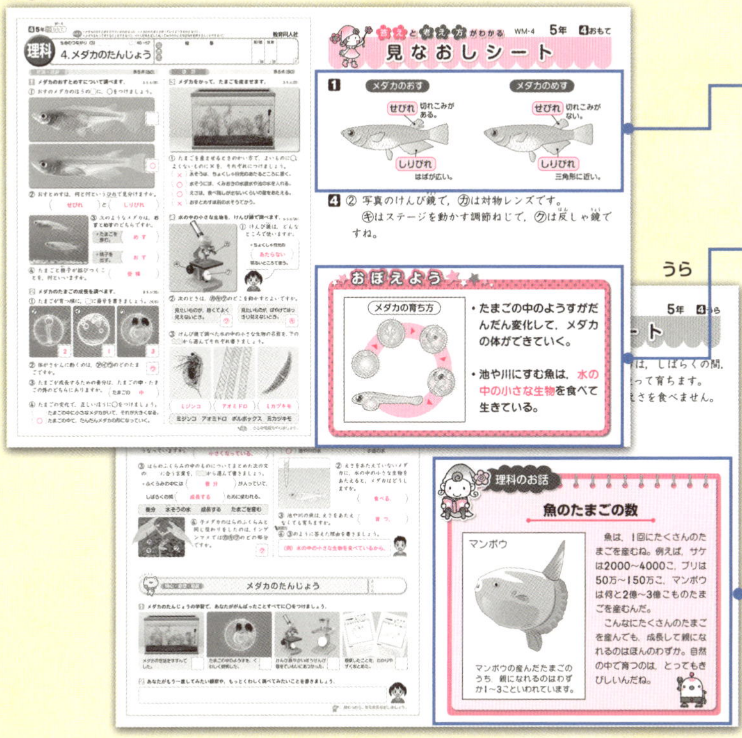

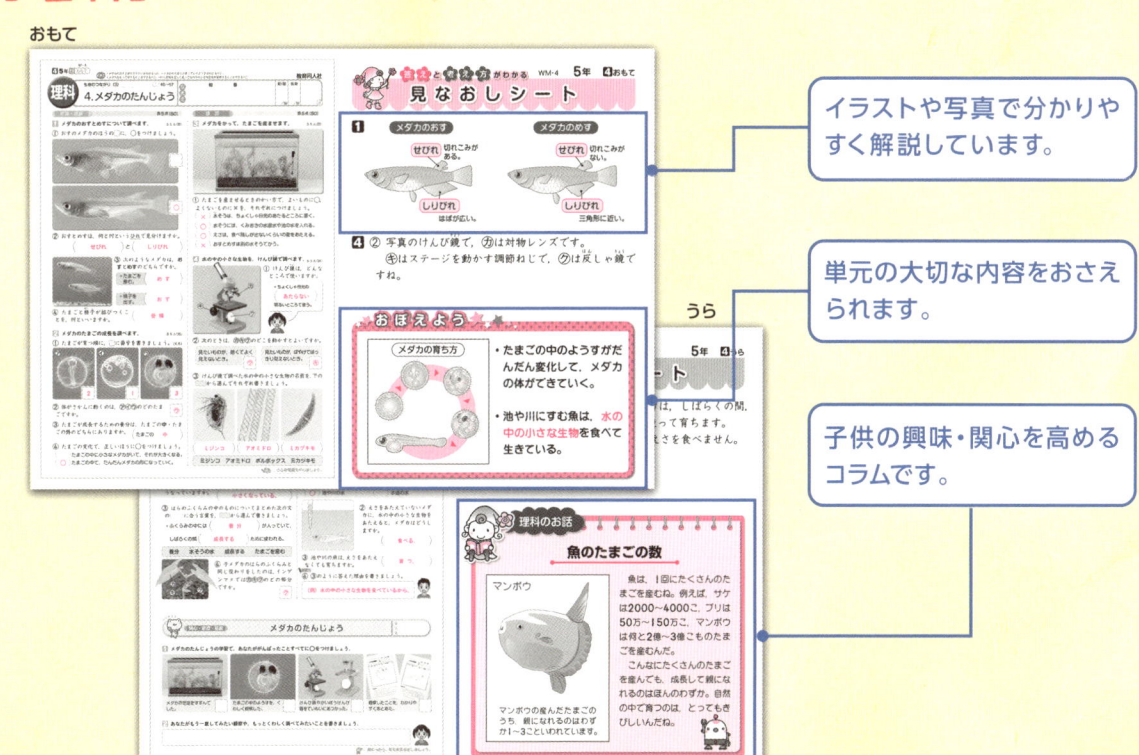

イラストや写真で分かりやすく解説しています。

単元の大切な内容をおさえられます。

子供の興味・関心を高めるコラムです。

【社会】

おもて

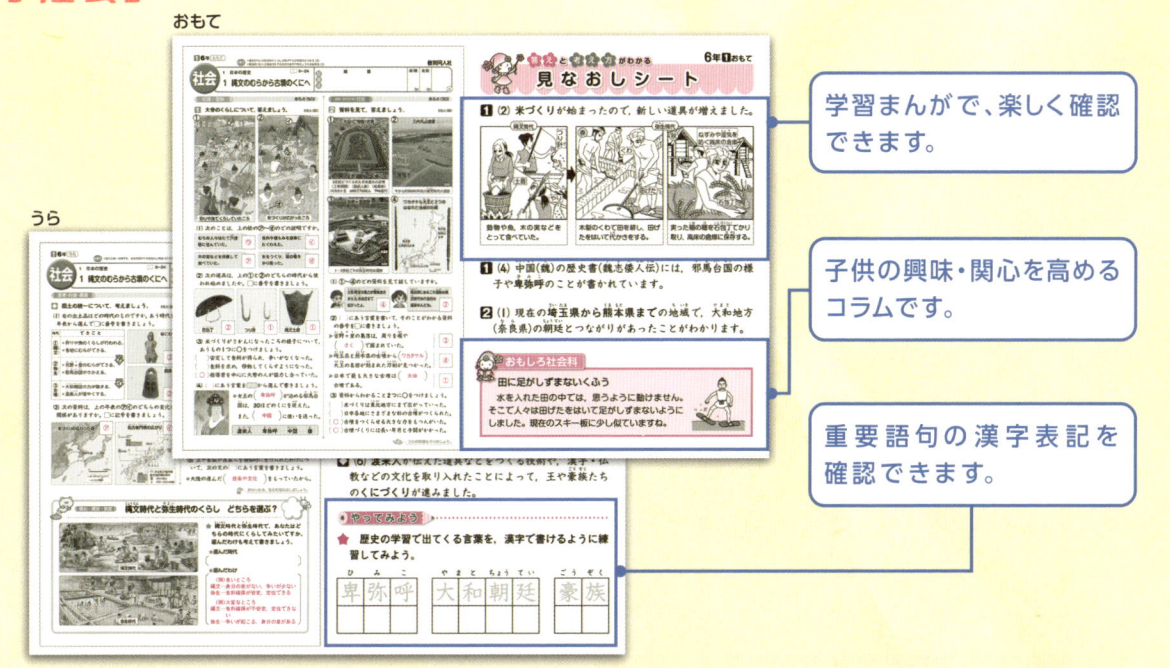

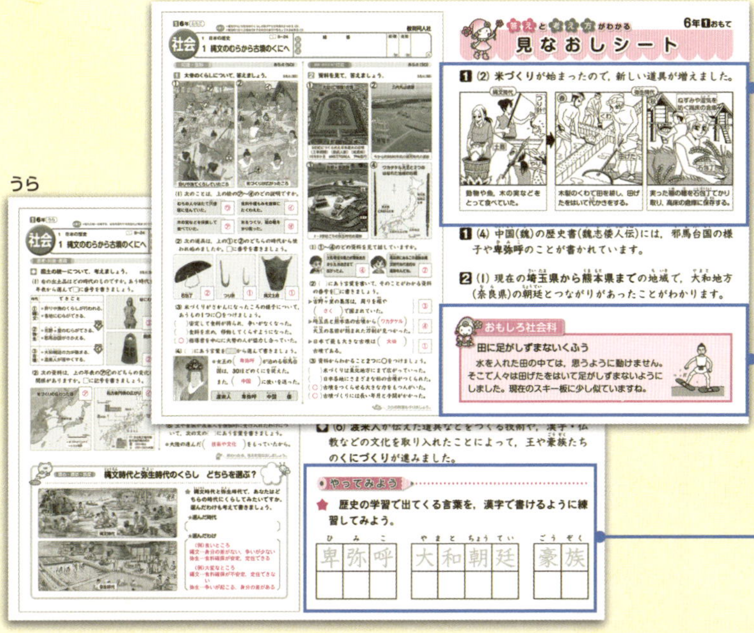

学習まんがで、楽しく確認できます。

子供の興味・関心を高めるコラムです。

重要語句の漢字表記を確認できます。

8 ワークテスト 付属教材

付録（ワークシート、大判掲示用資料）

ワークテストには、技能の定着や重要事項の確認のための付録があります。また大判の掲示用資料は、教室や廊下に貼って、子供の興味・関心を高めることにも役立ちます。

【算数】「作図マスターシート」（作図技能定着のためのワークシート）

子供の視点からの写真を使って、分かりやすく説明しています。

スモールステップで子供のつまずきが分かるので、的確な指導に役立ちます。

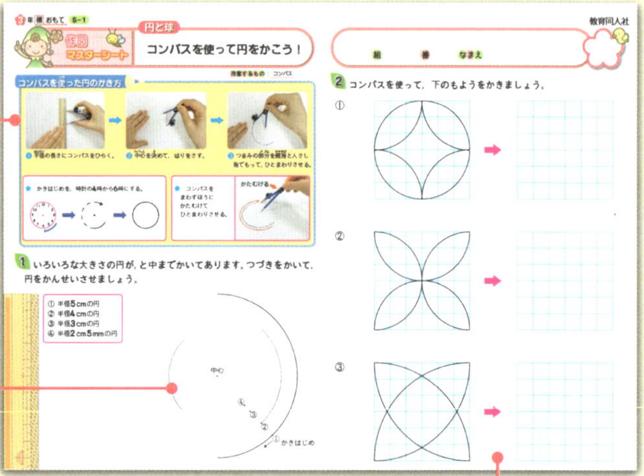

作図がしやすい、ゆったりとしたスペースです。

各学年の内容

1年　かたちをつくろう！（かたちづくり）

2年　ものさしを使おう！（長さ）

3年　コンパスを使って円をかこう！（円と球）

4年　分度器を使おう！（角の大きさ）

5年　合同な図形をかこう！（合同な図形）

6年　対称な形をかこう！（対称な形）

【社会】「ポイントワーク」（ワークシート）

おさえたい基本事項がまとめられたワークシートです。掲示用ポスターになっているものもあるので、教室に掲示して繰り返し確認することができます。

各学年の内容

3年　方位記号と地図記号

4年　47都道府県の名称と位置

5年　世界の主な大陸と海洋、主な国の名称と位置

6年　歴史人物42人

【国語】「声のものさし」（掲示用資料：大判サイズ）

相手や目的に応じ、分かりやすく伝わるように、工夫して話したり聞いたりする態度を育てます。

【理科】掲示用資料（大判サイズ）

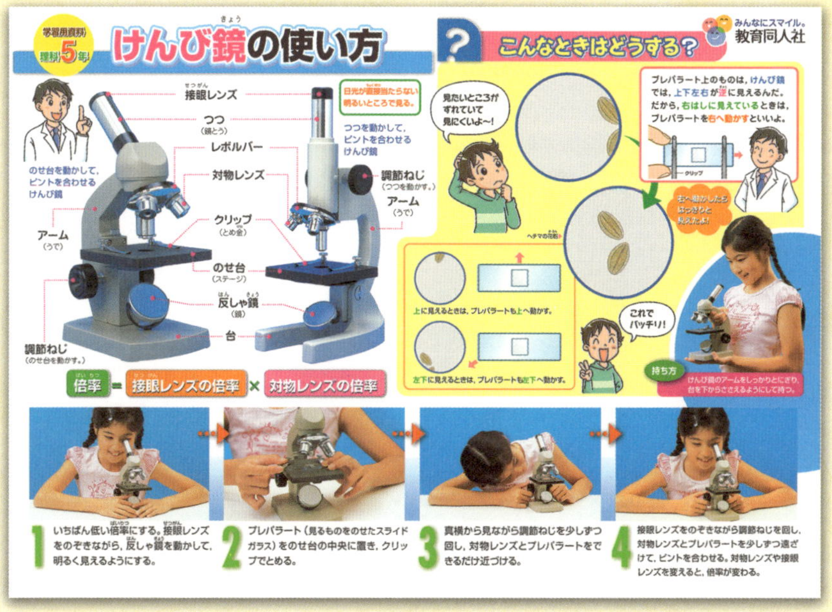

理科の学習で覚えておきたい大切なことがおさえられます。
学年別に、理科への興味・関心を高める素材を取り上げています。

各学年の内容
3年　こん虫のそだち方
4年　生き物の1年のようす
5年　けんび鏡の使い方
6年　地球の豊かな自然

9 ワークテスト 付属教材

ダウンロードプリント（無料サービス）

ダウンロードプリントは、テストの採用により無料で利用できるWebサービスです。
ユーザー登録をすることで、プリントを必要なだけダウンロードすることができます。

【国語】

活用シート

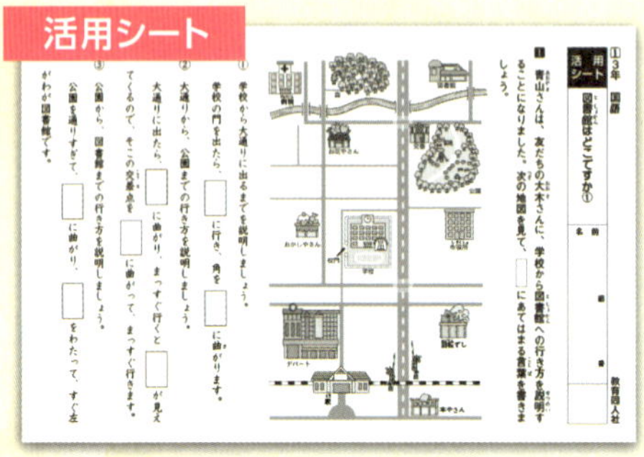
①3年 国語
活用シート 図書館はどこですか①
名前 組 番
教育同人社

1 青山さんは、友だちの大木さんに、学校から図書館への行き方を説明することになりました。次の地図を見て、□にあてはまる言葉を書きましょう。

① 学校から大通りに出るまでを説明しましょう。
学校の門を出たら、□に行き、角を□に曲がります。

② 大通りから、公園までの行き方を説明しましょう。
大通りに出たら、□に曲がり、まっすぐ行くと□が見えてくるので、そこの交差点を□に曲がって、まっすぐ行きます。

③ 公園から、図書館までの行き方を説明しましょう。
公園を通りすぎて、□に曲がり、□をわたって、すぐ左がわが図書館です。

場面に即した言葉の使い方、表現の仕方を考えることなどを通して、思考力・表現力を育てます。【指導案付き】

漢字プリント

1 ステップ1 6年生までの漢字 読み書き①
名前 組 番 点

★ ――の読みがなを書きましょう。

① 電源を切る。
② 晩ご飯の前。
③ 大盛りのカレー。
④ 自分も困る。
⑤ お皿を片付ける。
⑥ 頭が痛い。
翌朝の予定。
ゆっくり出勤する。
火を使うのは危ない。
半信半疑で聞く。

・漢字の練習 一つ10点

前学年の漢字が復習できます。漢字が定着していない児童のための補充プリントとして使用できます。

【その他のプリント】
★ローマ字確認プリント
★配当漢字表
★標準字体許容例

【算数】

活用シート

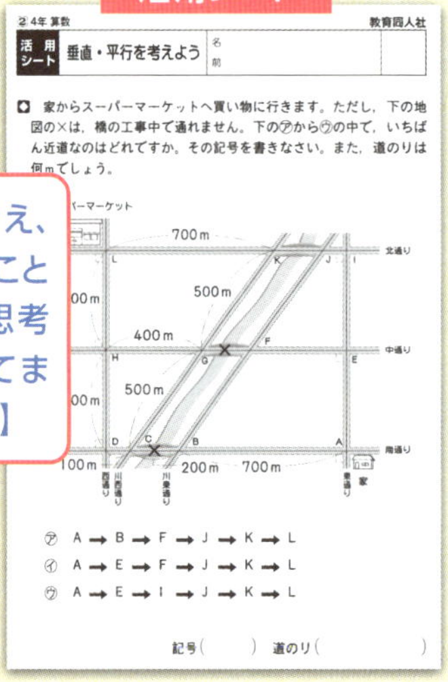
②4年 算数 教育同人社
活用シート 垂直・平行を考えよう 名前

家からスーパーマーケットへ買い物に行きます。ただし、下の地図の×は、橋の工事中で通れません。下の㋐から㋒の中で、いちばん近道なのはどれですか。その記号を書きなさい。また、道のりは何mでしょう。

㋐ A → B → F → J → K → L
㋑ A → E → F → J → K → L
㋒ A → E → I → J → K → L

記号（　　）　道のり（　　　）

筋道を立てて考え、問題を解決することなどを通して、思考力・表現力を育てます。【指導案付き】

計算プリント

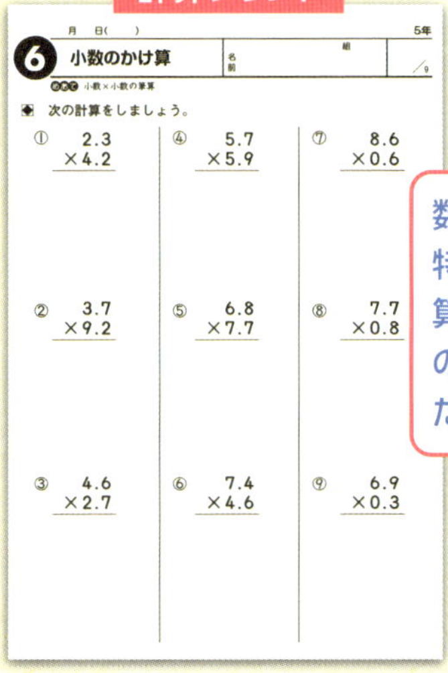
月 日（ ） 5年
6 小数のかけ算 名前 組 ／9
小数×小数の筆算

◆ 次の計算をしましょう。

① 2.3 ×4.2
② 3.7 ×9.2
③ 4.6 ×2.7
④ 5.7 ×5.9
⑤ 6.8 ×7.7
⑥ 7.4 ×4.6
⑦ 8.6 ×0.6
⑧ 7.7 ×0.8
⑨ 6.9 ×0.3

数と計算の領域に特化しています。計算力の定着に効果のある反復練習のためのプリントです。

【その他のプリント】
★表現力育成プリント
★計算スパイラルシート

【理科】

活用シート

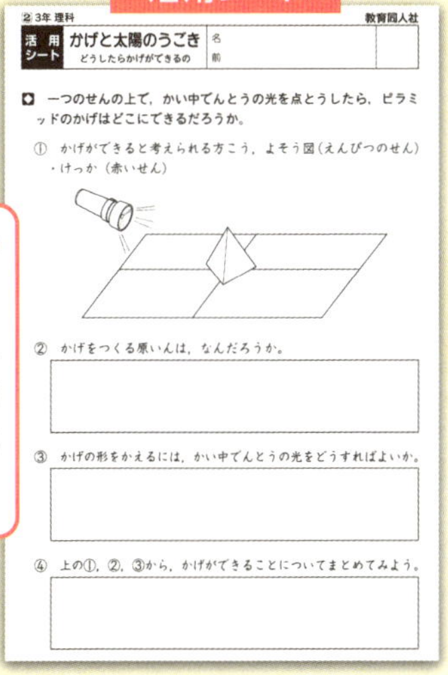
2 3年 理科　教育同人社

活用シート　かげと太陽のうごき　名前
どうしたらかげができるの

一つのせんの上で，かい中でんとうの光を点とうしたら，ピラミッドのかげはどこにできるだろうか。

① かげができると考えられる方こう，よそう図（えんぴつのせん）・けっか（赤いせん）

② かげをつくる原いんは，なんだろうか。

③ かげの形をかえるには，かい中でんとうの光をどうすればよいか。

④ 上の①，②，③から，かげができることについてまとめてみよう。

学習したことを活かして、新たな素材に取り組ませることで、思考力・表現力を育てます。【指導案付き】

観察・実験シート

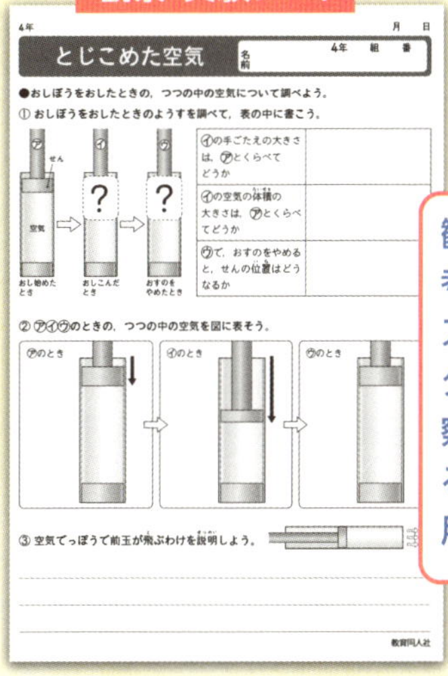
4年　月　日

とじこめた空気　名前　4年　組　番

●おしぼうをおしたときの，つつの中の空気について調べよう。

① おしぼうをおしたときのようすを調べて，表の中に書こう。

㋑の手ごたえの大きさは，㋐とくらべてどうか	
㋑の空気の体積の大きさは，㋐とくらべてどうか	
㋒で，おすのをやめると，せんの位置はどうなるか	

② ㋐㋑㋒のときの，つつの中の空気を図に表そう。

③ 空気てっぽうで前玉が飛ぶわけを説明しよう。

教育同人社

観察・実験→結果→考察→結論をスムーズに展開できるワークシート集です。観察・実験を成功させるポイント集（教師用）もあります。

【社会】

活用シート

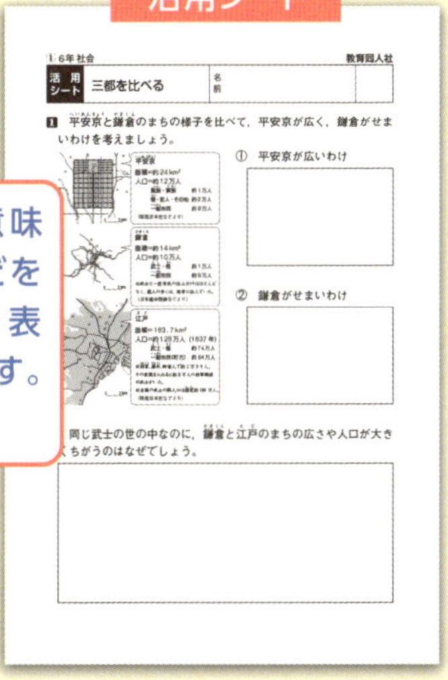
1 6年 社会　教育同人社

活用シート　三都を比べる　名前

1 平安京《へいあんきょう》と鎌倉《かまくら》のまちの様子を比べて，平安京が広く，鎌倉がせまいわけを考えましょう。

① 平安京が広いわけ

② 鎌倉がせまいわけ

同じ武士の世の中なのに，鎌倉《かまくら》と江戸《えど》のまちの広さや人口が大きくちがうのはなぜでしょう。

社会的事象の意味を考えることなどを通して、思考力・表現力を育てます。【指導案付き】

プレプリ（地図プリント）

6年プレプリ⑦　教育同人社

地図力プリント　世界地図　大陸と海洋　なまえ　組　番

わからない時は，地図帳で調べてみよう。

◆ ①～⑥には大陸名を，㋐～㋒には海洋名を［　］から選んで書こう！

大陸名
アフリカ大陸
南極大陸
北アメリカ大陸
南アメリカ大陸
ユーラシア大陸
オーストラリア大陸

海洋名
太平洋
大西洋
インド洋

各学年でおさえておきたい基礎・基本の習得に最適です。単なる暗記に陥らないよう子供の興味を引き出すクイズ形式になっています。

【その他のプリント】
★白地図
★単元導入プリント
★地図記号カード
★歴史人物カード
★一枚の絵

10 ワークテスト 付属品

DVD-ROM（採点基準例、集計・分析ソフト）

テスト付属のDVD-ROMには、採点や集計に便利な機能が満載です。

★採点基準例

記述式問題の採点に役立つように、具体的な採点基準例を収録しています。クラスの実態に即して基準を設定できるように、書き換え可能なデータファイルで収録しています。
また、国語では印刷物としての付録も付いています。

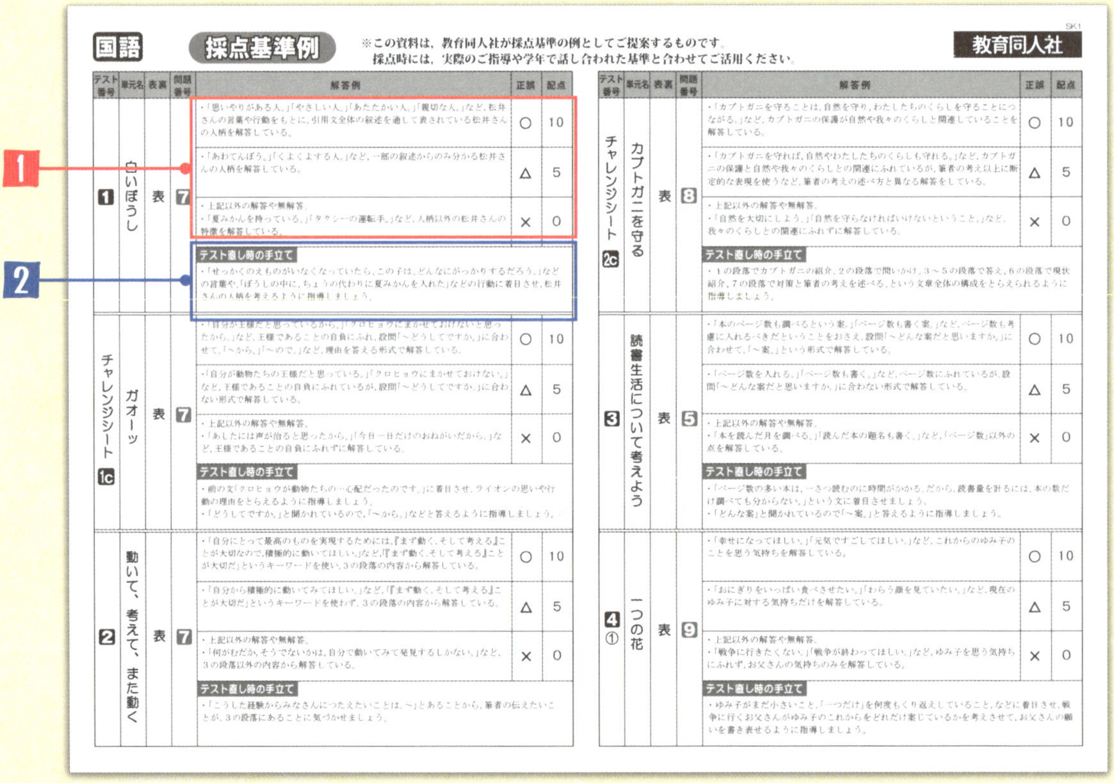
国語　採点基準例
※この資料は、教育同人社が採点基準の例としてご提案するものです。
採点時には、実際のご指導や学年で話し合われた基準と合わせてご活用ください。
SK1
教育同人社

テスト番号	単元名	表裏	問題番号	解答例	正誤	配点
1	白いぼうし	表	7	・「思いやりがある人。」「やさしい人。」「あたたかい人。」「親切な人。」など、松井さんの言葉や行動をもとに、引用文全体の叙述を通して表されている松井さんの人柄を解答している。	○	10
				・「あわてんぼう。」「くよくよする人。」など、一部の叙述からのみ分かる松井さんの人柄を解答している。	△	5
				・上記以外の解答や無解答。 ・「夏みかんを持っている。」「タクシーの運転手。」など、人柄以外の松井さんの特徴を解答している。	×	0
				テスト直し時の手立て ・「せっかくのえものがいなくなっていたら、この子は、どんなにがっかりするだろう。」などの言葉や、「ぼうしの中に、ちょうの代わりに夏みかんを入れた」などの行動に着目させ、松井さんの人柄を考えるように指導しましょう。		
チャレンジシート 1c	ガオーッ	表	7	・「自分が王様だと思っているから。」「クロヒョウにまかせておけないと思ったから。」など、王様であることの自負にふれ、設問「～どうしてですか。」に合わせて、「～から。」「～ので。」など、理由を答える形式で解答している。	○	10
				・「自分が動物たちの王様だと思っている。」「クロヒョウにまかせておけない。」など、王様であることの自負にふれているが、設問「～どうしてですか。」に合わない形式で解答している。	△	5
				・上記以外の解答や無解答。 ・「あしたには声が治ると思ったから。」「今日一日だけのおねがいだから。」など、王様であることの自負にふれずに解答している。	×	0
				テスト直し時の手立て ・前の文「クロヒョウが動物たちの…心配だったのです。」に着目させ、ライオンの思いや行動の理由をとらえるように指導しましょう。 ・「どうしてですか。」と聞かれているので、「～から。」などと答えるように指導しましょう。		
2	動いて、考えて、また動く	表	7	・「自分にとって最高のものを実現するためには、『まず動く、そして考える』ことが大切なので、積極的に動いてほしい。」など、「『まず動く、そして考える』ことが大切だ」というキーワードを使い、3の段落の内容から解答している。	○	10
				・「自分から積極的に動いてみてほしい。」など、「『まず動く、そして考える』ことが大切だ」というキーワードを使わず、3の段落の内容から解答している。	△	5
				・上記以外の解答や無解答。 ・「何がむだか、そうでないかは、自分で動いてみて発見するしかない。」など、3の段落以外の内容から解答している。	×	0
				テスト直し時の手立て ・「こうした経験からみなさんにつたえたいことは、～」とあることから、筆者の伝えたいことが、3の段落にあることに気づかせましょう。		
チャレンジシート 2c	カブトガニを守る	表	8	・「カブトガニを守ることは、自然を守り、わたしたちのくらしを守ることにつながる。」など、カブトガニの保護が自然や我々のくらしと関連していることを解答している。	○	10
				・「カブトガニを守れば、自然やわたしたちのくらしも守れる。」など、カブトガニの保護と自然や我々のくらしとの関連にふれているが、筆者の考え以上に断定的な表現を使うなど、筆者の考えの述べ方と異なる解答をしている。	△	5
				・上記以外の解答や無解答。 ・「自然を大切にしよう。」「自然を守らなければいけないということ。」など、我々のくらしとの関連にふれずに解答している。	×	0
				テスト直し時の手立て ・1の段落でカブトガニの紹介、2の段落で問いかけ、3～5の段落で答え、6の段落で現状紹介、7の段落で対策と筆者の考えを述べる、という文章全体の構成をとらえられるように指導しましょう。		
3	読書生活について考えよう	表	5	・「本のページ数も調べるという案。」「ページ数も書く案。」など、ページ数も考慮に入れるべきだということをおさえ、設問「～どんな案だと思いますか。」に合わせて、「～案。」という形式で解答している。	○	10
				・「ページ数を入れる。」「ページ数も書く。」など、ページ数にふれているが、設問「～どんな案だと思いますか。」に合わない形式で解答している。	△	5
				・上記以外の解答や無解答。 ・「本を読んだ月を調べる。」「読んだ本の題名も書く。」など、「ページ数」以外の点を解答している。	×	0
				テスト直し時の手立て ・「ページ数の多い本は、一さつ読むのに時間がかかる。だから、読書量を計るには、本の数だけ調べても分からない。」という文に着目させましょう。 ・「どんな案」と聞かれているので「～案。」と答えるように指導しましょう。		
4 ①	一つの花	表	9	・「幸せになってほしい。」「元気ですごしてほしい。」など、これからのゆみ子のことを思う気持ちを解答している。	○	10
				・「おにぎりをいっぱい食べさせたい。」「わらう顔を見ていたい。」など、現在のゆみ子に対する気持ちだけを解答している。	△	5
				・上記以外の解答や無解答。 ・「戦争に行きたくない。」「戦争が終わってほしい。」など、ゆみ子を思う気持ちにふれず、お父さんの気持ちのみを解答している。	×	0
				テスト直し時の手立て ・ゆみ子がまだ小さいこと、「一つだけ」を何度もくり返えしていること、などに着目させ、戦争に行くお父さんがゆみ子のこれからをどれだけ案じているかを考えさせて、お父さんの願いを書き表せるように指導しましょう。		

1 正答（○）・許容（△）・誤答（×）の3段階に解答例を分類

・児童が内容をどこまで理解しているのか、段階を追って解答を分析できるようにしています。
・部分点も設定してあり、様々な児童の解答に対し、より細やかな対応がとれるようになっています。

2 正答に導くための手立てを提示

・許容や誤答に対して、どんな点に着目し、どういった考え方をすれば正答になるのか、具体的な手立てを提示しています。

★集計・分析ソフト

DVD-ROMには、専用の集計・分析ソフトが収録されています。得点を入力するだけで、様々な集計表や分析資料が作成され、出力することができます。

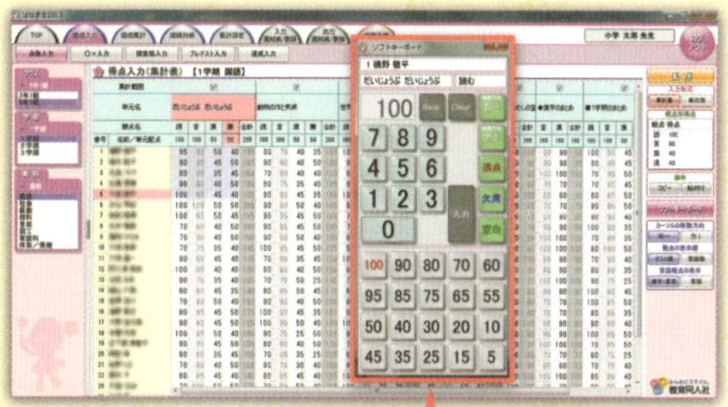

ソフトキーボード

1 簡単に得点入力

・自作の表を貼り付けたり、画面上のキーボードを表示させたりして、マウスだけでも入力できるような機能を備えています。

2 得点合計を自動計算

・各紙面の点数を入力すると、単元別・観点別に得点の合計を計算します。

3 観点別評価を自動判定

・計算した到達度に対してのA・B・C判定を表示します。A・B・C判定の基準値は、変更することも可能です。

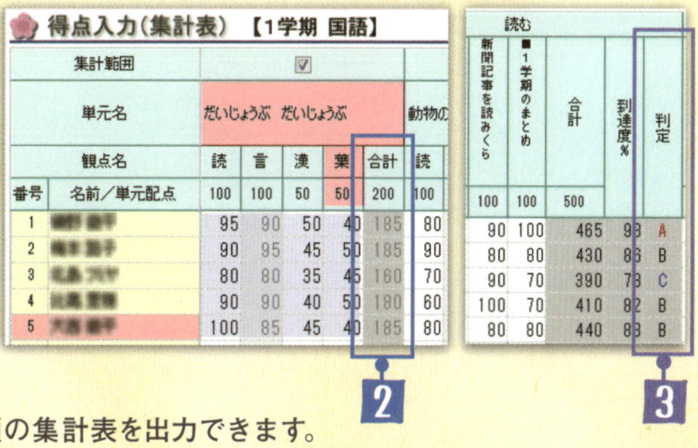

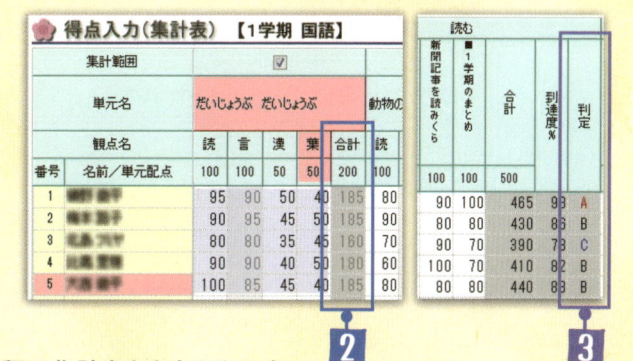

得点入力(集計表)【1学期 国語】

	集計範囲	☑					
	単元名	だいじょうぶ だいじょうぶ					動物の
	観点名	読	言	漢	葉	合計	読
番号	名前／単元配点	100	100	50	50	200	100
1	[illegible]	95	90	50	40	185	80
2	[illegible]	90	95	45	50	185	90
3	[illegible]	80	80	35	45	160	70
4	[illegible]	90	90	40	50	180	60
5	[illegible]	100	85	45	40	185	80

読む				
新聞記事を読みくらべ	■1学期のまとめ	合計	到達度%	判定
100	100	500		
90	100	465	93	A
80	80	430	86	B
90	70	390	78	C
100	70	410	82	B
80	80	440	88	B

4 様々な集計表

・得点や解答の正誤を入力しただけで、様々な種類の集計表を出力できます。

観点別得集計表

5年1組／1学期／国語

話・聞				書く						
●わたしの宝物／	合計	到達度%	判定	次への一歩―活動報	合計	到達度%	判定	のどがかわいた	生き物は円柱形	百年後のふるさとを
100	100			100	100			100	100	100
80	80	80	A	90	90	90	A	85	90	90
85	85	85	A	85	85	85	A	95	80	85
75	75	75	B	95	95	95	A	95	75	95
40	40	40	C	80	80	80	A	80	85	85
90	90	90	A	75	75	75	B	90	95	75
95	95	95	A	40	40	40	C	85	100	95
50	50	50	C	85	85	85	A	95	85	95
95	95	95	A	40	40	40	C	75	90	100

観点別得点集計表

成績一覧表

	国語							社会			
学期	関・意・態	話・聞	書く	読む	言語	漢字	合計	関・意・態	思・判・表	技能	知識・理解
1	A	80	90	88	90	80	86	A	95	80	80
2	A	75	100	90	80	90	87	A	80	80	65
3	A	90	80	80	85	88	85	A	80	70	80
年	A	82	90	87	86	84	86	A	88	70	73
1	A	85	85	87	75	73	81	A	70	80	80
2	A	80	100	80	100	100	72	B	70	50	100
3	A	85	60	90	70	90	79	A	70	40	80
年	A	82	82	86	77	81	78	A	70	57	87
1	B	75	95	86	73	75	81	A	60	50	60
2	A	70	90	75	100	100	67	A	80	70	80
3	A	40	85	85	60	85	71	B	60	30	70
年	A	62	90	85	73	81	75	A	67	50	70

成績一覧表

S P 表【2学期 算数

得点	正答数	正答率	誤答数	3	表2	表3	表3	1	1	2	3
				4	1	1	3	1	2	1	2
				5	5	5	5	5	5	5	5
145	24	96	1	○	○	○	○	○	○	○	○
145	24	96	1	○	○	○	○	○	○	○	○
145	24	96	1	○	○	○	○	○	○	○	○
135	23	92	2	○	○	○	○	○	○	○	○
130	22	88	3	○	○	○	○	○	○	○	○
125	22	88	3	○	○	○	○	○	○	○	○
120	21	84	4	○	○	○	○	○	○	○	○
130	21	84	4	○	○	○	○	○	×	○	○
115	20	80	5	○	○	○	○	○	○	○	○
115	20	80	5	○	○	○	○	○	○	○	○
120	20	80	5	○	○	○	○	○	○	○	○
120	20	80	5	○	○	○	○	○	○	○	○
115	20	80	5	○	○	○	○	○	○	○	○

SP表

5 詳細な分析資料

・面談や学習計画の立案をサポートする資料が出力できます。

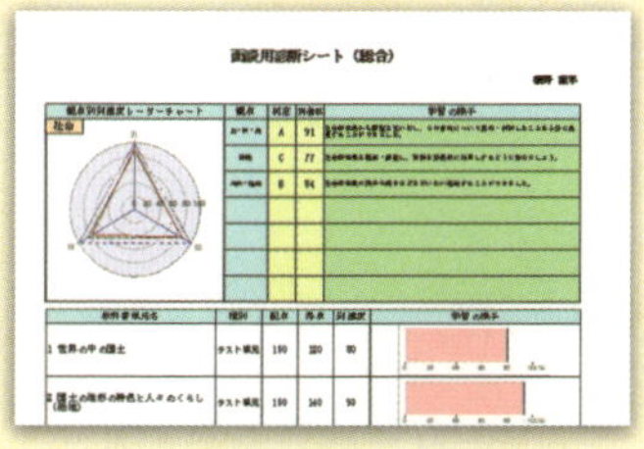

面談シート

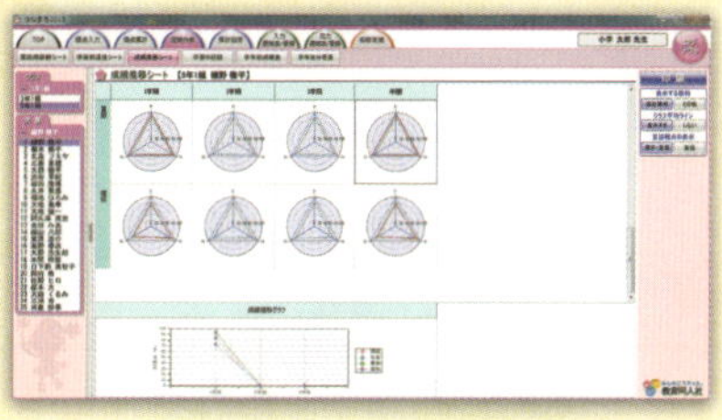

成績推移シート

11 ワークテスト 付属品

DVD-ROM（所見文作成ソフト、プリント教材、資料など）

DVD-ROMには、採点基準例や集計・分析ソフト以外にも様々なコンテンツが収録されています。

★所見文作成ソフト

所見文作成専用ソフト「所見の達人」

通知表に記載する所見欄の文例を多数収録しています。収録された文章を書き換えたり、登録したりすることができます。子供のやる気を引き出すようにマイナス面や短所も肯定的な表現になるように工夫しています。

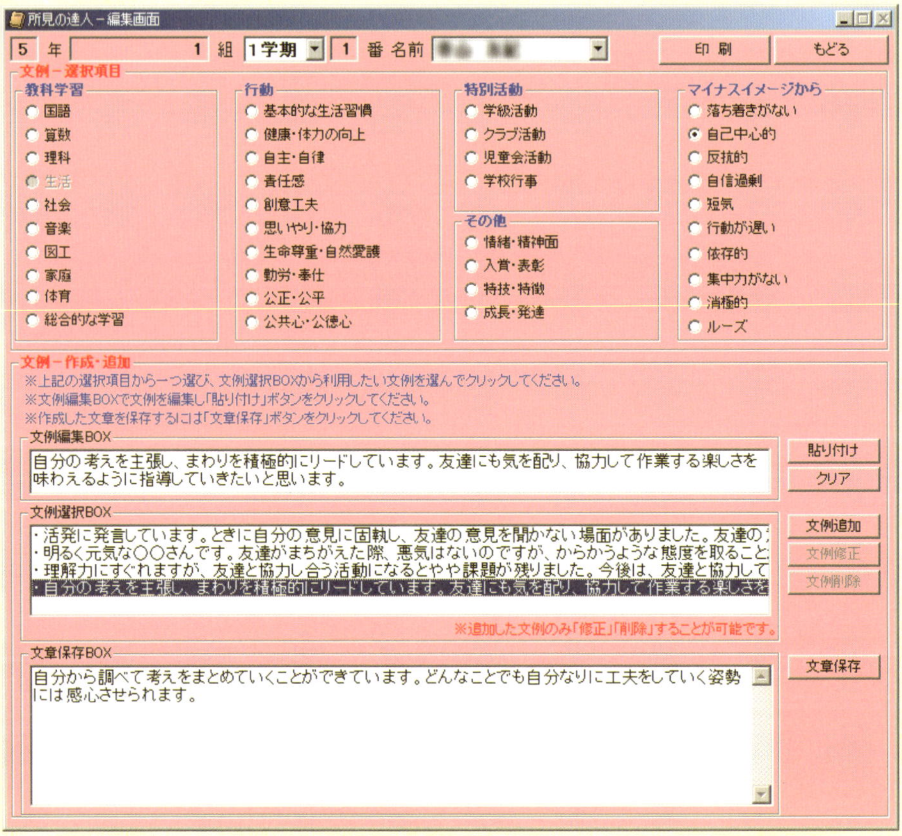

★プリント教材

授業や宿題など、様々な場面で使用できるプリントを多数収録しています。

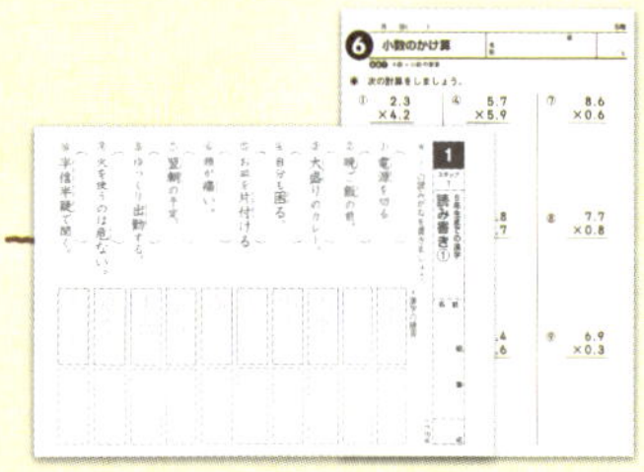

★ICT教材

1 指導用デジタルテスト（算数）

・児童用のテスト紙面をそのままデータにして収録しています。プロジェクターや電子黒板などでテスト紙面を映し、答え合わせや解説などをする際に使用できます。

2 デジタルプレテスト（算数）

・プレテストの紙面をデータにして収録しています。

指導用デジタルテスト

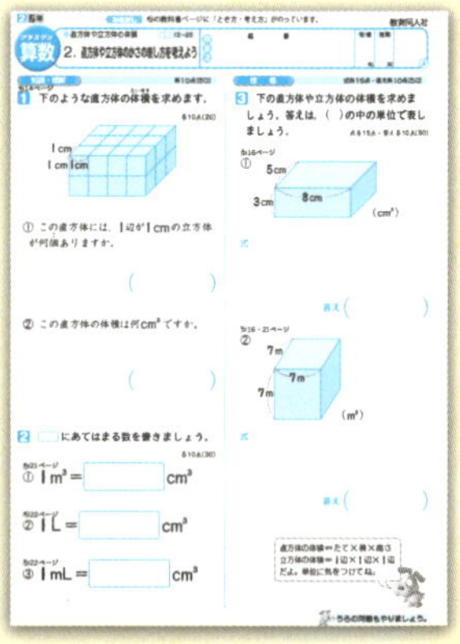

デジタルプレテスト

★その他の資料

1 年間指導計画（国・算・理・社）

・1年間の時数ごとの学習内容を掲載しています。

2 評価規準・基準表（国・算・理・社・音・図・体・家）

・技能教科にも対応した評価規準・基準表です。統一した書式で収録しています。

3 集計テンプレート

・得点集計表フォーマットです。合計値を自動計算する数式が設定されています。

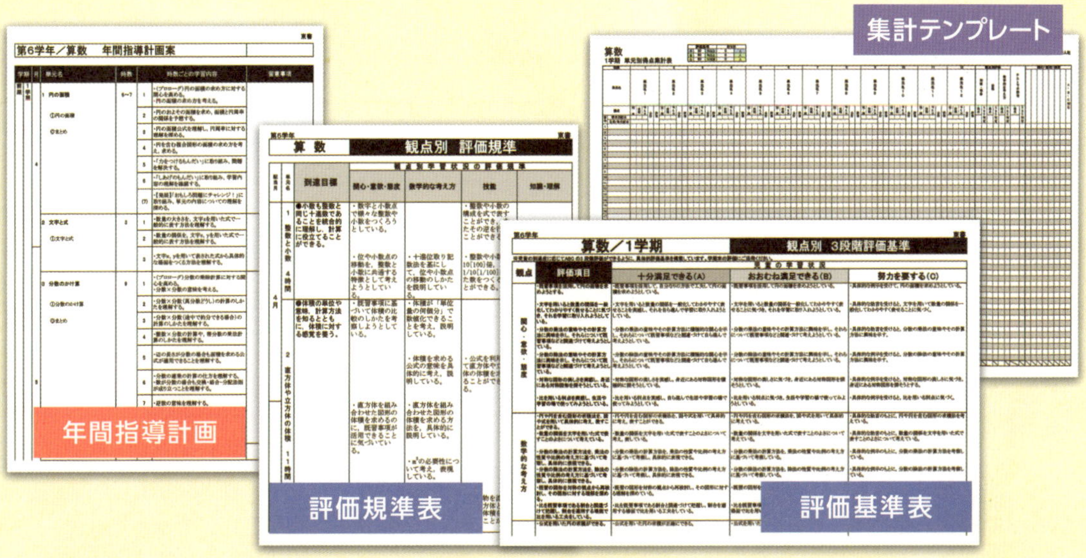

12 ワークテスト 関連教材

ドリルとの関連

学校教材は、大きく「修得教材」*「習熟教材」「評価教材」の3つに分類されます。＊日本図書教材協会による

★修得教材

授業中に学習内容を理解させるとともに、学習の仕方を身に付けさせるために用いられる教材です。（ワークブック、ノート、資料集など）

★習熟教材

繰り返し学習することで練習量を保障し、学習内容の定着を図るために用いられる教材です。（主にドリル）

★評価教材

学習上のつまずきを診断し、観点別の評価や指導法の改善のために用いられる教材です。（主にワークテスト）

またドリルは、内容や紙面構成、使い方により「くり返しドリル」「書きこみドリル」「総合ドリル」のように分類することができます。

★くり返しドリル

ノートにくり返し練習させることを前提にしたドリルです。

★書きこみドリル

ドリル自体に書きこむことを前提にしたドリルです。

★総合ドリル

国語では読解問題や言語に関する問題、算数では文章問題なども充実させたドリルです。

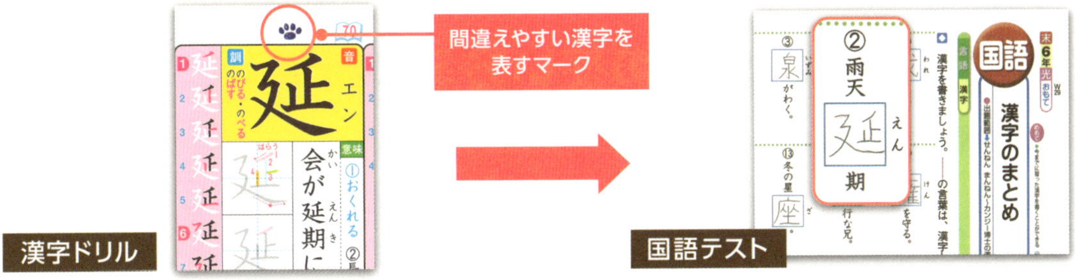

『漢字ドリル』では、間違えやすい漢字に注意を喚起するマークをつけています。国語テストは、『漢字ドリル』での扱いや難易度を考慮して出題しています。テスト前に再度ドリルに取り組ませることで、効果的な復習ができます。

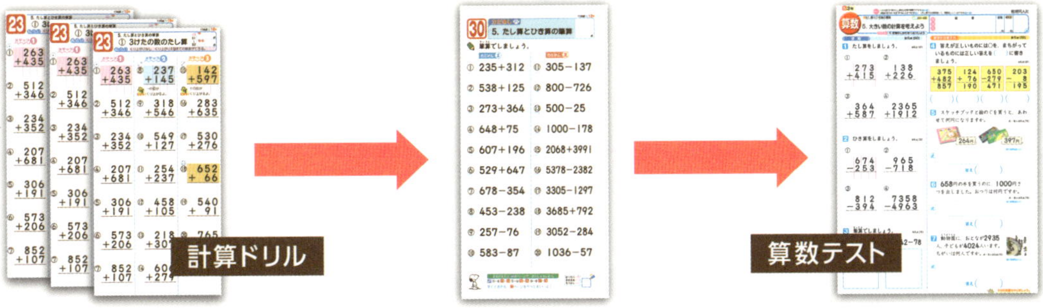

『計算ドリル』の単元の終わりには<力だめし>があります。いろいろな計算の型が集約されているので、テスト前に行うと、計算の「技能」が身に付いているか確認することができます。

コラム1

★教科書の特徴に合わせた漢字

ある教科書では「発」の字形が平成17年度版と平成23年度版で変わりました。これに合わせてテストやドリルでも右のように字形を変更しました。

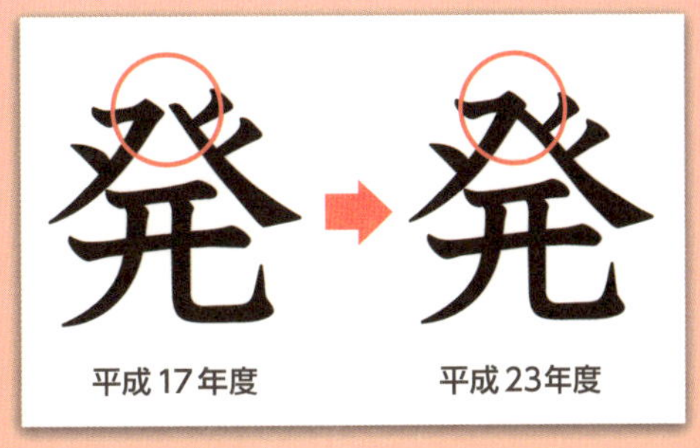

コラム2

★見やすさを追究した数字

算数テストや計算ドリルの数字は独自に開発した書体です。細すぎず太すぎず、ちょうどよい見やすさを追究しています。

0 1 2 3 4 5 6 7 8 9

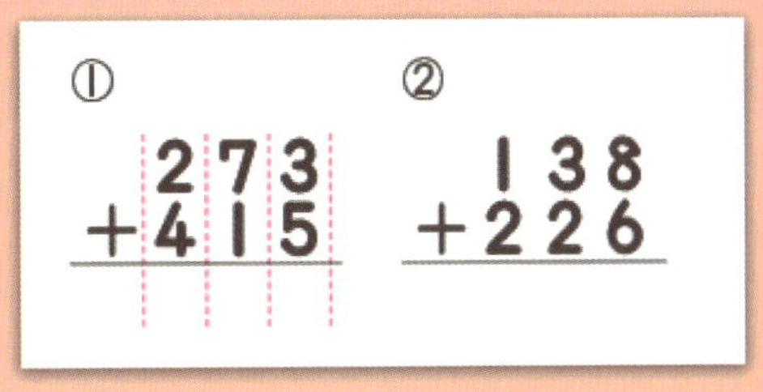

13 その他

『学校教材の使い方ミニ研修』

本書で扱っているワークテストをはじめとした学校教材を、ベテラン先生がどのように活用されているかを学ぶことができる研修パッケージです。ミニ研修は全部で20種類あります。また、どの研修も10～15分でできるようにまとめられていますので、校内研修や新人指導などにお役立てください。1校に1セット無料で配布していますので、ぜひお申込みください。

★『学校教材の使い方ミニ研修』のラインナップ

O	学校教材の使い方ミニ研修・研修パッケージの紹介・DVD
A1	漢字ドリルをくわしく見てみよう
A2	漢字ドリルを使って新出漢字を指導しよう
A3	漢字ドリルを使って漢字を覚えさせよう
A4	漢字ドリルの活用場面を知ろう
B1	計算ドリルをくわしく見てみよう
B2	計算ドリルの活用場面を知ろう
B3	計算ドリルのノート指導の仕方を知ろう
B4	授業での計算ドリルの活用方法を知ろう
C1	ドリルを使った家庭学習のさせ方を知ろう
C2	ドリルを使った宿題の提出のさせ方を知ろう
C3	丸つけとチェックの仕方を知ろう
D1	ワークテストの事前指導について考えよう
D2	ワークテストのやり直しのさせ方を知ろう
D3	効率的な成績処理の仕方を知ろう
E1	算数ドリルの選び方のポイントを知ろう
E2	ワークテストをくわしく見てみよう
E3	教材の種類と活用時期を知ろう
F1	ココ見て！マスクシートを使ってみよう
F2	デジドリルを使ってみよう
F3	いろいろなリーフレットを見てみよう

研修スライド
投影して使う、研修のスライドです。書き換え可能なデータですので、学校の実情に合わせて、適宜書き換えられます。

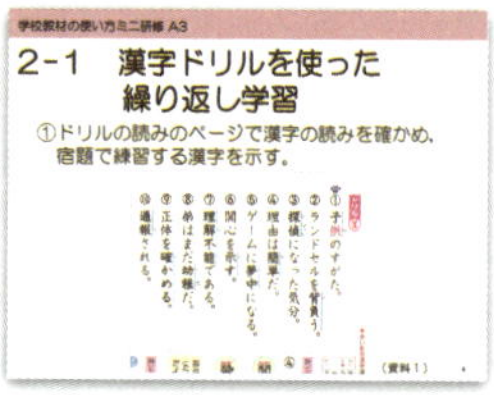

模擬授業動画
研修によっては、ベテラン先生の実際の模擬授業の様子を動画で見て学びます。

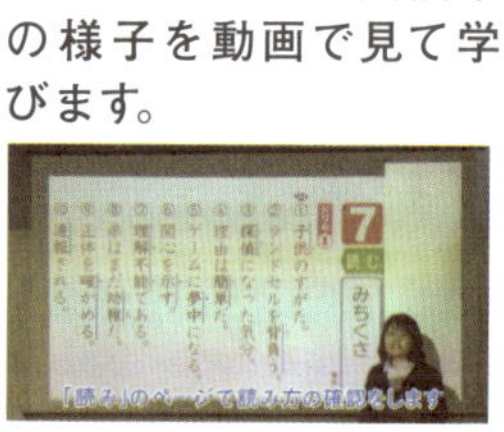

★『学校教材の使い方ミニ研修』の内容

1つのミニ研修に、次の資料が収録されています。（ミニ研修A3の例）

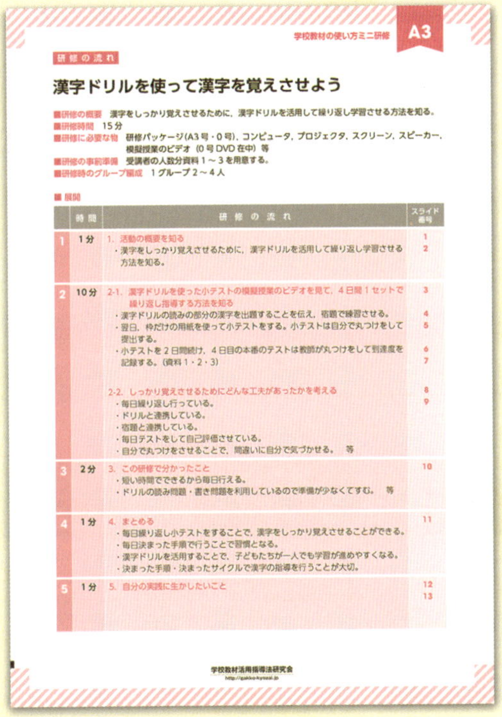

学校教材の使い方ミニ研修 A3

研修の流れ

漢字ドリルを使って漢字を覚えさせよう

■研修の概要　漢字をしっかり覚えさせるために、漢字ドリルを活用して繰り返し学習させる方法を知る。
■研修時間　15分
■研修に必要な物　研修パッケージ(A3号・0号)、コンピュータ、プロジェクタ、スクリーン、スピーカー、模擬授業のビデオ（0号DVD在中）等
■研修の事前準備　受講者の人数分資料1～3を用意する。
■研修時のグループ編成　1グループ2～4人

■展開

	時間	研修の流れ	スライド番号
1	1分	1．活動の概要を知る ・漢字をしっかり覚えさせるために、漢字ドリルを活用して繰り返し学習させる方法を知る。	1 2
2	10分	2-1．漢字ドリルを使った小テストの模擬授業のビデオを見て、4日間1セットで繰り返し指導する方法を知る ・漢字ドリルの読みの部分の漢字を出題することを伝え、宿題で練習させる。 ・翌日、枠だけの用紙を使って小テストをする。小テストは自分で丸つけをして提出する。 ・小テストを2日間続け、4日目の本番のテストは教師が丸つけをして到達度を記録する。（資料1・2・3） 2-2．しっかり覚えさせるためにどんな工夫があったかを考える ・毎日繰り返し行っている。 ・ドリルと連携している。 ・宿題と連携している。 ・毎日テストをして自己評価させている。 ・自分で丸つけをさせることで、間違いに自分で気づかせる。　等	3 4 5 6 7 8 9
3	2分	3．この研修で分かったこと ・短い時間でできるから毎日行える。 ・ドリルの読み問題・書き問題を利用しているので準備が少なくてすむ。　等	10
4	1分	4．まとめる ・毎日繰り返し小テストをすることで、漢字をしっかり覚えさせることができる。 ・毎日決まった手順で行うことで習慣となる。 ・漢字ドリルを活用することで、子どもたちが一人でも学習が進めやすくなる。 ・決まった手順・決まったサイクルで漢字の指導を行うことが大切。	11
5	1分	5．自分の実践に生かしたいこと	12 13

学校教材活用指導法研究会

研修の流れ

ミニ研修の流れと用意する物がまとめてあります。

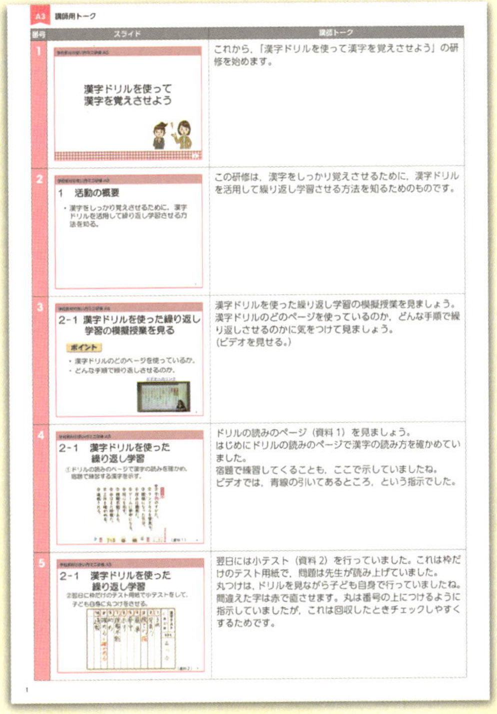

A3　講師用トーク

番号	スライド	講師トーク
1	漢字ドリルを使って漢字を覚えさせよう	これから、「漢字ドリルを使って漢字を覚えさせよう」の研修を始めます。
2	1　活動の概要 ・漢字をしっかり覚えさせるために、漢字ドリルを活用して繰り返し学習させる方法を知る。	この研修は、漢字をしっかり覚えさせるために、漢字ドリルを活用して繰り返し学習させる方法を知るためのものです。
3	2-1　漢字ドリルを使った繰り返し学習の模擬授業を見る ポイント ・漢字ドリルのどのページを使っているか。 ・どんな手順で繰り返しさせるのか。	漢字ドリルを使った繰り返し学習の模擬授業を見ましょう。漢字ドリルのどのページを使っているのか、どんな手順で繰り返しさせるのかに気をつけて見ましょう。 (ビデオを見せる。)
4	2-1　漢字ドリルを使った繰り返し学習 ①ドリルの読みのページで漢字の読みを確かめ、宿題で練習する漢字を示す。	ドリルの読みのページ（資料1）を見ましょう。 はじめにドリルの読みのページで漢字の読み方を確かめていました。 宿題で練習してくることも、ここで示していましたね。 ビデオでは、青線の引いてあるところ、という指示でした。
5	2-1　漢字ドリルを使った繰り返し学習 ②翌日に枠だけのテスト用紙で小テストをして、子ども自身に丸つけをさせる。	翌日には小テスト（資料2）を行っていました。これは枠だけのテスト用紙で、問題は先生が読み上げていました。 丸つけは、ドリルを見ながら子ども自身で行っていましたね。 間違えた字は赤で直させます。丸は番号の上につけるように指示していましたが、これは回収したときチェックしやすくするためです。

1

講師用トーク

スライドにあわせて講師が話す台詞がまとめてあります。

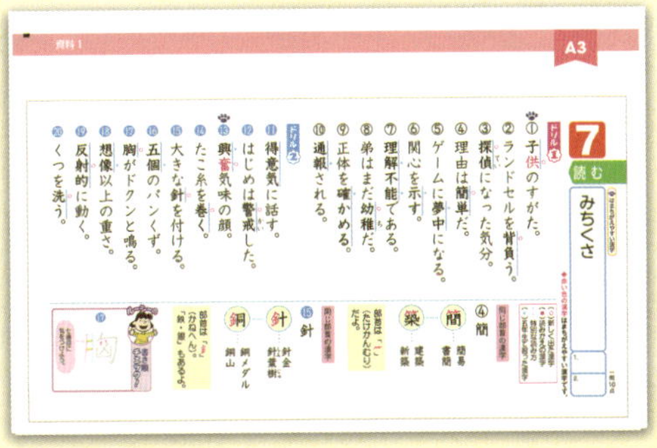

資料1　A3

7　読む

みちくさ

ドリル1
①子供のすがた。
②ランドセルを背負う。
③探偵《てい》になった気分。
④理由は簡単だ。
⑤ゲームに夢中になる。
⑥関心を示す。
⑦理解不能である。
⑧弟はまだ幼稚《ち》だ。
⑨正体を確かめる。
⑩通報される。

ドリル2
⑪得意気に話す。
⑫はじめは警戒した。
⑬興奮気味の顔。
⑭たこ糸を巻く。
⑮大きな針を付ける。
⑯五個のパンくず。
⑰胸がドクンと鳴る。
⑱想像以上の重さ。
⑲反射的に動く。
⑳くつを洗う。

④簡　簡易　書簡
築　建築　新築
部首は「⺮」(たけかんむり)だよ。

⑮針　針金　針葉樹
鋼　鋼メダル　鋼山
部首は「金」(かねへん)。「鉄・銀」もあるよ。

資料

研修の中で提示したり、コピーして受講者に渡して使う実際の教材の紙面です。

★『学校教材の使い方ミニ研修』の入手方法　http://gakko-kyozai.jp/

①学校教材活用指導法研究会のWebサイト

研究会で行っている学校教材活用法セミナーなどの情報も満載です。

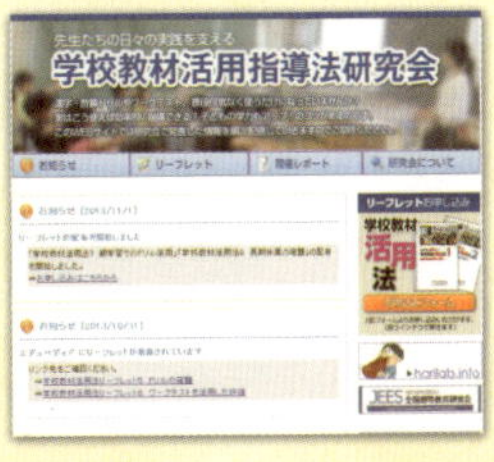

②教育同人社特約代理店

教育同人社の教材を扱っている教材販売店から取り寄せることもできます。

14 その他

『「学校教材活用法」リーフレット』

本書で扱っているワークテストをはじめとした学校教材の特長や使い方は、ベテランの先生にとっては当然のノウハウかもしれませんが、若手の先生方にもきちんと伝わっているでしょうか。
学校教材活用指導法研究会では、これまであまり明示されてこなかった学校教材の活用法をリーフレットにまとめました。校内研修や研究にお役立てください。
無料で配布していますので、ぜひお申し込みください。

★「学校教材活用法」リーフレットのラインナップ

くりかえし漢字ドリル（基本編）

授業→宿題→ミニテストでの漢字ドリルの使い方など。

くりかえし計算ドリル（基本編）

授業→宿題→ミニテストでの計算ドリルの使い方など。

ワークテスト（基本編）

ワークテストの種類と構成、単元の評価までの流れなど。

ドリルとノート指導

宿題のノートの指導、授業で使うノートの指導など。

ドリルの宿題

漢字ドリル・計算ドリルを使った宿題の出し方など。

ワークテストを活用した評価

ワークテストを使った評価のコツ、集計ソフトなど。

朝学習でのドリル活用

朝学習における漢字ドリル・計算ドリルの使い方など。

長期休業の宿題

夏休み・冬休み用の教材を使った宿題の出し方など。

フラッシュ型教材

フラッシュ型教材の使い方や作り方のコツなど。

国語辞典・漢字辞典

辞書指導の進め方や辞書選びのポイントなど。

★リーフレットの内容

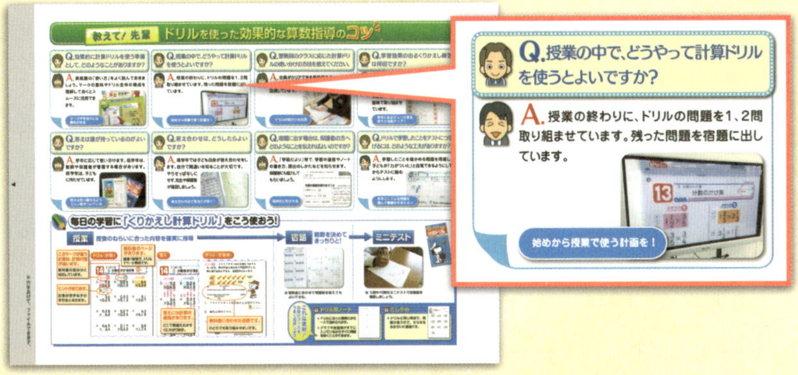

中面の上段はベテラン先生が疑問に答えるQ&A。
下段に教材の活用法が掲載されています。

裏面では、発展的な実践例などを紹介しています。

★リーフレットの活用方法・保管方法

①自分の授業の実践に!　②校内研修や若手教師への指導に!

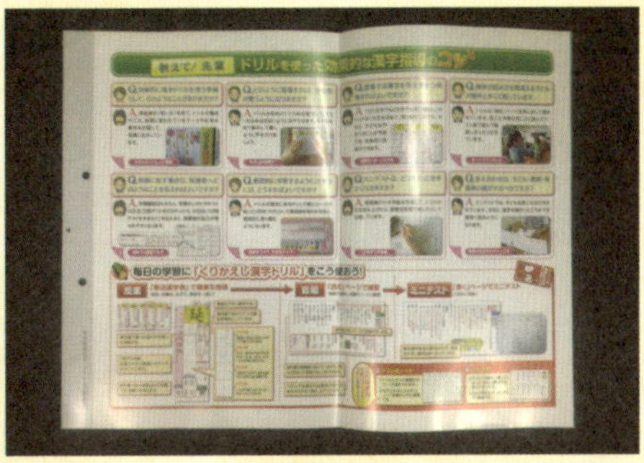

まとめてファイルに綴じて、机に置いておきましょう。ファイルに綴じたまま中面が見られるように作られているので、簡単に見返すことができます。

★リーフレットの入手方法

http://gakko-kyozai.jp/

①学校教材活用指導法研究会のWebサイト

研究会で行っている学校教材活用法セミナーなどの情報も満載です。

②教育同人社特約代理店

教育同人社の教材を扱っている教材販売店から取り寄せることもできます。

15 その他

『教材カレンダー』

教材の種類と採択時期、年間予算の見通しなどが俯瞰でき、保護者への説明にも役立ちます。

<表面>

1 教材の種類と採択の時期が分かる！

表面は、教材の種類と採択時期を一覧できるカレンダーになっています。年度の初めに採択することのない、夏休み・冬休み・年度末などの季刊教材も載っているので、年間を見通した指導計画を立てることができます。

教材をうまく組み込んで指導計画を立てると、学力向上にもつながります。

2 年間の予算を見通すことができる！

教材カレンダーを見ると、年間の予算も立てることができます。教材を採択する理由、使い方、予算を明確にすると、保護者にも説明がしやすくなります。

＜裏面＞

3 教材の役割とつながりを確認できる！

裏面では、教育同人社の『はなまるシステム』について紹介しています。『はなまるシステム』とは、日常の指導と評価を直結させることで、全ての子供の学力が向上すると考えて構築されたシステムです。「計画→指導→評価→分析→手だて」の流れの中で、それぞれの教材が果たす役割、教材同士のつながりを確認できるので、より効果的に教材を活用することができます。

★『教材カレンダー』の入手方法

●教育同人社特約代理店

教育同人社の教材を扱っている教材販売店から取り寄せることができます。

「学校教材活用指導法研究会」とは…

http://gakko-kyozai.jp/

子供たちの基礎学力を支えている漢字ドリルや計算ドリル、的確な評価を行うためのワークテストといった「学校教材」。それを有効かつ効果的に活用した授業システムを確立させることによって、基礎基本と学び方を身に付けた子供たちを育てたいという思いから、教師と教材出版社が集まった研究会です。
教材の研究、セミナー開催、リーフレットの作成、配布などを手掛けています。

監　修

堀田　龍也（ほりた　たつや）　東北大学大学院情報科学研究科・教授

1964年生まれ。東京学芸大学教育学部卒業、東京工業大学大学院社会理工学研究科修了。博士（工学）。
東京都公立小学校・教諭、富山大学教育学部・助教授、静岡大学情報学部・助教授、独立行政法人メディア教育開発センター・准教授、玉川大学教職大学院・教授、文部科学省・参与等を経て、現職。
日本教育工学協会会長。2011年文部科学大臣表彰（情報化促進部門）。専門は教育工学、情報教育。
中央教育審議会初等中等教育分科会教育課程部会「道徳教育専門部会」委員、同「情報活用能力調査に関する協力者会議」委員、同「学校教育の情報化に関する懇談会」委員、同「教育研究開発企画評価会議」協力者等を歴任。
著書に『管理職のための「教育情報化」対応ガイド』（教育開発研究所）、『すべての子どもがわかる授業づくり　－教室でICTを使おう』（高陵社書店）、『フラッシュ型教材のススメ』（旺文社）など多数。

執筆者

堀田　龍也　東北大学大学院情報科学研究科・教授
曾我　泉　東京都練馬区立中村西小学校・主幹教諭
小暮　敦子　東京都三鷹市立第六小学校・主幹教諭
丹野　優子　東京都立川市立第二小学校・主幹教諭
遠藤裕美子　東京都新宿区立西戸山小学校・主任教諭
吉野　和美　静岡県富士市立原田小学校・教頭
笠原　晶子　前橋市教育委員会青少年課児童文化センター・係長
土井　国春　徳島県三好郡東みよし町立足代小学校・教諭
狩野　絹子　静岡県静岡市立南藁科小学校・教諭
宮﨑　靖　富山県砺波市立砺波東部小学校・教諭
渡邉　光浩　宮崎県北諸県郡三股町立三股西小学校・教諭
菅野　牧子　北海道札幌市立山の手南小学校・教諭
大城　智紀　沖縄県国頭郡恩納村立山田小学校・教諭

取材協力

東京都練馬区立中村西小学校
東京都立川市立第二小学校
沖縄県恩納村立山田小学校

資料提供

株式会社教育同人社
チエル株式会社
株式会社エルモ社

所属及び参考資料は、2014年8月25日現在です。

そうだったんだ！学校教材③
ベテラン先生直伝　ワークテストの活用法
ISBN　978-4-87384-212-7
2014年8月25日　初版発行
監　修　堀田　龍也
著　者　学校教材活用指導法研究会
発行者　森　達也
発行所　株式会社 教育同人社　www.djn.co.jp
〒170-0013 東京都豊島区東池袋4-21-1アウルタワー2F
TEL 03-3971-5151　Email webmaster@djn.co.jp

装丁・デザイン　エヌ・ピー・エフ株式会社
イラスト　藤田　忍
印刷・製本　図書印刷株式会社